ETICA
E LEADERSHIP
NELLE ORGANIZZAZIONI
Tra teoria e realtà

Carmen Raimondo

Titolo: Etica e Leadership nelle Organizzazioni. Tra Teoria e Realtà
Autore: Carmen Raimondo
Copertina: C. Raimondo
La bilancia della giustizia terrena raramente è giusta ed equa

Codice ISBN: 9798716827530
Casa editrice: Independently published

Ai miei meravigliosi genitori

*Se non è rispettata la giustizia,
che cosa sono gli Stati se non
delle grandi bande di ladri?*
(S. Agostino, De Civitate Dei, cap.

INDICE

Introduzione

Oggi ancora di più rispetto al passato, il problema dell'etica, in ambito aziendale, ha richiamato l'attenzione di numerosi studiosi, impegnati nell'osservazione e analisi delle complesse dinamiche che caratterizzano la gestione delle imprese, in termini di decisioni riguardanti gli obiettivi prioritari da conseguire. Ci si chiede, ad esempio, se il principio della massimizzazione del profitto e del valore economico ad ogni costo debba prevalere su quello della concreta creazione di valore, in termini di soddisfazione degli interessi e aspettative delle diverse categorie di interlocutori che, direttamente o indirettamente, partecipano all'attività aziendale. Oppure se concretamente sia possibile ricercare un punto di equilibrio tra tali obiettivi. Tuttavia, è palese il fatto che la creazione di valore richiede uno sforzo ulteriore da parte delle aziende ad agire eticamente. A esse viene richiesto di assumere decisioni moralmente giuste, mettendo in atto azioni che, da un lato, non arrechino danno ad alcuno, dall'altro siano dirette a creare e rafforzare le relazioni fiduciarie tra gli individui.

Il presente lavoro trae dunque origine da una rassegna sistematica dei principali contributi in materia di etica e leadership. Si propone, in particolare, di presentare in maniera semplice ed essenziale i concetti e le metodiche che riguardano sia l'etica generale che l'etica applicata al contesto aziendale, con un particolare sguardo all'importanza dei valori etici, anche in campo aziendale e al ruolo fondamentale di una leadership etica e moralmente integra, per il conseguimento dei risultati e degli obiettivi d'impresa.

Nello specifico, il primo capitolo è d'introduzione generale alla definizione e ai principi fondamentali dell'etica, partendo dall'origine filosofica del concetto. Si tenterà di ripercorrere i pensieri principali che si sono sviluppati nel corso dei secoli per spiegare il significato di etica, sottolineando come la moralità e l'etica individuale siano determinanti per dirigere non solo la propria vita a livello privato, ma soprattutto quella pubblica (a livello sociale, lavorativo, ecc.), garantendo in tal modo il rispetto di principi quali il bene comune e la giustizia sociale.

Il secondo capitolo propone un'analisi specifica dell'etica d'impresa nelle sue diverse accezioni, in termini di dimensioni (aziendale, manageriale, economica), livelli (sistemico, individuale, gruppi sociali) e tipologie (normativa, descrittiva, applicata). Successivamente affronta il problema dello sviluppo etico d'impresa, cercando di fornire una riflessione sulle differenti posizioni in merito alla concreta applicazione dell'etica nella gestione dell'impresa.

Il terzo capitolo entra nel merito dell'evoluzione del concetto di Responsabilità Sociale d'Impresa (RSI) e analizza l'imprescindibile legame esistente tra RSI ed etica aziendale. Attualmente questo tema è diventato ancor più rilevante e complesso, in seguito al verificarsi di scandali economico-finanziari e ha suggerito agli studiosi di ripensare tale legame, attraverso la proposta di modelli comportamentali innovativi, al fine di migliorare la qualità delle prestazioni etico-sociali dell'impresa.

Nel quarto capitolo si focalizza l'attenzione sulle caratteristiche dei manager e leader non etici, le cui azioni e decisioni producono effetti negativi di lungo termine, sia sui singoli individui che sull'organizzazione e la società in genere. Si procede con la descrizione di tre modelli o archetipi di manager prevalenti (immorale, amorale, morale), concludendo con la presentazione di un modello particolarmente adatto a rappresentare la leadership non etica o distruttiva dalla quale dipendono i risultati e le performance organizzative negative (il triangolo tossico).

Il quinto capitolo offre una descrizione della leadership etica, in veste di promotrice di valori e principi che sono alla base della cultura aziendale e in grado di orientare il comportamento e il modo di agire degli individui. In particolare, si cercherà di comprendere il ruolo, le caratteristiche e le funzioni di una leadership etica, per poi giungere all'individuazione di un modello di comportamento etico e dei fattori interni ed esterni che possono incidere su di esso.

Infine, il sesto capitolo affronta il tema dell'integrità (sia a livello individuale che a livello aziendale) e la sua importanza nel processo di assunzione delle decisioni e nella gestione dei dilemmi etici e morali (qual è la decisione più giusta da prendere in un determinato momento e contesto?). Si propone, a tal proposito, la descrizione di un modello per la soluzione ai dilemmi suddetti, ovvero il modello TERA (acronimo di *Trajectory*, *Ethics*, *Responsibility*, *Authenticity*), utile per individuare e assumere la decisione giusta e prevedere contestualmente gli effetti e le implicazioni pratiche, sia sui singoli individui che sull'organizzazione.

1. LA DIMENSIONE PRIVATA E PUBBLICA DELL'ETICA

> Ippocrate
> *Né la società, né l'uomo, né ogni altra cosa*
> *per essere buona deve eccedere i limiti*
> *stabiliti dalla natura.*

1.1 Definizione generale di etica. Da Socrate a Sant'Agostino

Sebbene gran parte di questo lavoro abbia come oggetto l'etica nella sua dimensione aziendale e la sua applicazione al mondo dell'impresa (sia pubblica che privata), sarà utile tentare di analizzare, seppur brevemente, alcuni aspetti legati all'origine del concetto di etica e al suo significato etimologico, mettendo a raffronto gli orientamenti di alcuni dei più antichi filosofi.

Il concetto di etica si pone in relazione con i diversi ambiti della vita individuale e sociale e, per questo motivo, riveste un ruolo cruciale sia nei rapporti dell'uomo di fronte a sé stesso che rispetto agli altri uomini, in ambito sia privato che pubblico (1). La letteratura scientifica in materia di etica è molto ampia non solo come concetto generale, ma anche nelle sue accezioni più specifiche riguardanti, ad esempio, l'ambito aziendale. Innanzitutto, il termine *etica* deriva dalla parola greca *ethos* che significa letteralmente carattere, temperamento, disposizione, natura, consuetudine, costume (individuale o sociale) e dal latino *mos, moris* (costume, comportamento). In genere si tende a utilizzare quest'ultimo termine come sinonimo di etica, assumendo lo stesso significato. Entrambi, infatti, sono riconducibili a un insieme di principi che sono finalizzati a orientare il modo di agire e i comportamenti degli individui. E attraverso questi principi, da un lato sono descritti la vita e l'agire dell'uomo nella vita reale, dall'altro ci si chiede come l'individuo dovrebbe comportarsi per essere qualificato giusto, buono e degno (2). In termini generali, l'etica viene definita come:

«Il codice di principi e di valori morali che governa i comportamenti di una persona o di un gruppo, in riferimento a ciò che è giusto o sbagliato» (p. 345), (3).

Di conseguenza, se ne deduce che gli aspetti, gli elementi e le questioni più importanti dell'etica hanno un'origine filosofica ben precisa, riconducibile alle opere di numerosi autori e filosofi antichi, da Platone a San Tommaso d'Aquino. Di questi filosofi saranno descritti brevemente i loro pensieri e assunti filosofici, al fine di comprenderne le origini, l'evoluzione e le implicazioni a ogni livello, privato e pubblico.

Socrate e Platone

In primo luogo, Platone introduce una serie di modelli di vita etica, intesa come il modo in cui si debba vivere che chiama in causa la natura dell'anima e le sue componenti. Il suo pensiero ha origine dall'insegnamento del suo maestro Socrate (469-399 a.C.), la cui filosofia è descritta da Platone stesso. Per Socrate la vita etica è una modalità di vita e di comportamento fortemente condizionata, da un lato, dalle leggi e consuetudini della città in cui si è vissuti (rispetto delle norme e delle leggi); dall'altro, dalla necessità di perseguire la virtù, identificata in primo luogo nel principio di giustizia, attraverso l'interrogazione e l'occupazione di sé «con intelligenza e verità, avendo quindi in odio la falsità, la menzogna e l'inganno». La vita etica presuppone, in altri termini, la capacità di perseguire la giustizia, l'onestà, la verità (essere giusti) ed è caratterizzata da una fiducia nella propria integrità (definita *vita etica socratica*, rivolta all'interno), in contrasto con quei beni che invece «promuovono il nostro io attraverso il potere, le ricchezze, la fama e gli onori» (*vita etica mondana*, rivolta all'esterno) (4).

Aristotele

Aristotele introduce il concetto di etica come «fine di ogni cosa, il bene a cui bisogna tendere». In particolare, la vita etica o virtuosa rappresenta per il filosofo «il modo di vita che conduce colui che è in possesso delle virtù», soprattutto le virtù morali che consentono di individuare i fini buoni, giusti, nobili e appropriati, in base ai quali agire. La virtù intellettuale che consente di agire rettamente è, secondo Aristotele, la saggezza. Essa però appare evidente solo a chi è buono, dato che la cattiveria stravolge e ci fa cadere in errore riguardo ai principi pratici, per cui «è impossibile essere saggio senza essere buono» (5), (6).

Sant'Agostino

Sia il pensiero filosofico che teologico di Sant'Agostino sono incentrati su una teoria etica e morale definita in questi termini:

«Essa tratta del bene supremo al quale sono rivolte tutte le nostre azioni. È il bene che cerchiamo per sé stesso e non come mezzo a qualche altra cosa; una volta che l'abbiamo raggiunto, non cerchiamo nient'altro che ci faccia felici. È per questo che lo chiamiamo nostro fine, perché le altre cose vengono desiderate in riferimento a questo *summum bonum*, mentre questo è desiderato soltanto per sé stesso» (p. 18), (7).

In questo contesto diventa cruciale una profonda analisi introspettiva, per stabilire se le nostre azioni sono finalizzate al bene e tutto questo diventa possibile solo attraverso il ritorno a sé stessi:

«Rientra in te stesso: nell'uomo interiore abita la verità. E se scoprirai mutevole la tua natura, trascendi anche te stesso. Tendi là dove si accende la stessa luce della ragione» (8).

Ciò richiede una capacità di discernimento pratico tra ciò che rappresenta il bene e ciò che è il male. Questo avviene attraverso un esame interiore della propria coscienza che impone all'uomo di pentirsi sinceramente di fronte a Dio, nel caso in cui ha scelto di commettere il male, arrecando danni al prossimo (*ritorna alla tua coscienza, interrogala*), assumendosi la responsabilità delle azioni compiute.

San Tommaso d'Aquino

Infine, San Tommaso, nella veste di filosofo ma soprattutto di teologo, ha affrontato anche il tema dell'etica, analizzando come l'uomo deve comportarsi per raggiungere il fine ultimo o Sommo Bene che riguarda pertanto la perfezione dell'agire. La prima questione importante affrontata da San Tommaso è relativa alla comprensione di quale sia il fine ultimo della vita umana. San Tommaso afferma che:

«Nelle azioni che vengono compiute dalla volontà la regola prossima è la ragione umana, mentre la regola suprema è la legge eterna. Perciò, quando l'atto umano tende verso il fine, secondo l'ordine della ragione e della legge eterna, allora l'azione è retta; quando, invece, si scosta da questa rettitudine o direzione, allora si ha il peccato» (p. 190), (9).

Di conseguenza la legge suggerisce al soggetto la via da seguire, laddove la virtù (morale o etica) provvede a indicare i giusti mezzi per compiere l'azione retta (10).

Come fanno notare alcuni autori (11), la prospettiva di San Tommaso, a differenza di quella moderna, ruota intorno al soggetto agente «del quale si ricerca la vita buona, ossia virtuosa in cui consiste la felicità vera» (etica della prima persona). L'etica della prima persona è stata definita un'etica delle virtù, perché fondata sul bene e su ciò che è virtuoso e giusto (comportamento buono e virtuoso) (12).

Al contrario, nell'etica moderna «il punto di vista si sposta in un osservatore esterno, legislatore o giudice, che ricerca i criteri, i principi e le norme per l'azione giusta» (etica della terza persona). Purtroppo però l'etica della terza persona è diretta a creare un assetto sociale dove l'uomo gestisce la vita come vuole, senza danneggiare gli altri o danneggiandoli per ottenere un risultato migliore per sé stesso (13). È un sistema nel quale l'individuo agisce perché spinto dai propri interessi e necessità (soggetto utilitario), al fine di realizzare la propria felicità, senza tener conto delle virtù che sono invece necessarie per ricercare una vita orientata al bene.

Il Card. Carlo Caffarra definisce il soggetto utilitario come colui che agisce spinto «esclusivamente dalle proprie necessità ed utilità; che nella soddisfazione delle medesime è guidata dal criterio della propria felicità individuale; che non ha altro orizzonte di vita che la realizzazione della propria felicità individuale» (12).

Invece, attraverso le virtù morali (prudenza, giustizia, fortezza e temperanza) l'uomo ottiene un giudizio retto «sia nel contemplare le cose divine che nell'ordinare le cose umane in conformità ai criteri divini» (Somma Teologica, Articolo 5 I-II, q. 45, a. 5). L'uso di tali virtù consente da un lato di discernere tra bene e male, scegliendo di praticare il bene; dall'altro di capire e trasmettere la verità. Da ciò si evince che la causa finale del comportamento umano è il bene e la legge assume un significato solo se la si considera «un'istruzione il cui effetto consiste nell'indurre alla virtù e quindi al bene» (11), mostrando all'uomo il suo vero fine e i mezzi per raggiungerlo.

1.2 I principi fondamentali dell'etica

Vista la complessità della materia e nonostante la difficoltà di fornire delle definizioni concettuali certe e univoche, è possibile tuttavia definire l'etica in termini più generali come:
1. un modello di comportamento volto a identificare criteri e valori per indirizzare la condotta verso il bene (14);
2. una dottrina che si occupa del comportamento pratico di fronte ai due concetti morali del bene e del male (15);
3. la scienza normativa della condotta umana: la scienza di come la gente deve comportarsi, non di come si comporta (16);
4. una riflessione sui valori e sul senso dei nostri comportamenti e delle nostre azioni, che ha lo scopo di indirizzare le nostre azioni in armonia con i nostri valori personali (17);
5. un modello di comportamento che privilegia i valori morali dell'onestà, della giustizia (equità) e del rispetto della personalità

umana e i valori etici dell'onestà, integrità, affidabilità, fedeltà, equità, altruismo (18).

Dalle definizioni fornite si evince chiaramente l'importanza dei valori e dei principi che sono alla base della sfera etica. Essi sono riconducibili essenzialmente alla valutazione della condotta umana e rappresentano delle guide per un comportamento morale (19).

Originariamente, quattro erano i principi fondativi della scienza bioetica, derivanti dalla filosofia morale (20):

a. non maleficenza;

b. beneficenza;

c. autonomia;

d. giustizia.

In seguito, diversi contributi hanno individuato ulteriori criteri e principi applicabili al campo dell'etica in generale e utilizzabili anche nel contesto aziendale:

e. riparazione;

f. prudenza;

g. veracità;

h. fedeltà, onestà.

Questi hanno sicuramente contribuito a conferire una maggiore e significativa importanza al concetto di etica personale e professionale.

a. **Non maleficenza**. Il primo principio analizzato (considerato l'elemento centrale della c.d. teoria dell'obbligo) è la *non maleficenza*, spesso considerata come il principio fondamentale dell'etica medica di tradizione ippocratica, *primum non nocere* (21). Essa impone il dovere di non commettere il male o arrecare danno al prossimo e comporta una sorta d'inattività e omissione, ovvero una «semplice astensione da atti che siano lesivi» (19), (21):

1. non uccidere;

2. non rubare;

3. non danneggiare;

4. non procurare sofferenza o dolore;

5. non recare offesa agli altri;

6. non privare gli altri di ciò che è bene per la vita.

b. **Beneficenza**. In una diversa visione etica, il principio di *non maleficenza* rappresenterebbe il primo dei quattro livelli o doveri generali di un unico principio, la *beneficenza* (22):

1. non si deve arrecare danno né far del male;
2. si deve prevenire il danno o il male;
3. si deve eliminare il danno o il male;
4. si deve fare o promuovere positivamente il bene.

Questo secondo principio implica non solo la necessità di astenerci dal fare il male, ma di contribuire a fare attivamente ed effettivamente il bene, prevenendo il male (non è sufficiente volere fare il bene o desiderare di farlo) (23).

c. **Autonomia**. Attraverso il principio di *autonomia* «si riconosce il dovere di rispettare l'individuo nella sua libertà, il suo diritto ad avere delle opinioni, a compiere delle scelte e ad agire, in base ai valori e convinzioni personali» (p. 105), (24).

d. **Giustizia**. Del principio di *giustizia* si forniscono due distinte nozioni: giustizia retributiva e distributiva. All'origine della giustizia retributiva vi è il principio *unicuique suum tribuere* (dare a ciascuno il suo, dare a ognuno ciò che gli spetta), perché «siano rispettati, promossi e affermati il senso e la verità interiore che ogni uomo, in quanto soggetto, possiede» (p. 42), (25). Ciò implica che sia resa giustizia effettiva al soggetto che ha subito un grave torto, soprattutto attraverso la giusta punizione di chi ha compiuto un'azione lesiva e moralmente sbagliata e riprovevole. Per questo motivo è fondamentale che esista una proporzione tra l'azione, la ricompensa e la punizione:

«Bisogna distinguere due elementi nell'idea di retribuzione: 1) da una parte, le nozioni d'espiazione e di ricompensa che costituiscono ciò che di specifico sembra essere contenuto nell'idea di sanzione; 2) e dall'altra, le idee di reintegrazione dello stato precedente o di riparazione, così come le misure destinate a rimuovere il legame di solidarietà rotto dall'atto colpevole» (p. 40), (26).

Pertanto sarà necessario stabilire la giusta pena da infliggere e la finalità perseguita dal comminare determinate pene (prevenire atti immorali nel futuro e far pagare all'individuo l'errore compiuto) (19). Essa si riferisce alla distribuzione di sanzioni e ricompense che devono essere applicate proporzionalmente al male o al bene che è stato compiuto (27). La giustizia retributiva, secondo Delle Donne (2014), può essere considerata una sottoclasse della *giustizia distributiva*. In essa, infatti, i benefici e gli oneri sono costituiti da premi e punizioni che devono essere appunto distribuiti equamente, allocando in maniera equa i vantaggi per chi ha subito il danno e gli oneri/punizioni per chi ha provocato tale danno.

e. **Riparazione**. Il principio della *riparazione* è una conseguenza diretta dei principi descritti in precedenza. Esso, però, è molto più rigoroso e perentorio, poiché implica il dovere di risarcire concretamente il danno procurato o l'atto offensivo. La riparazione risulta ancora più difficile quando l'oggetto dell'offesa è rappresentato dalla vita intellettuale e morale dell'individuo. Tanto è vero che Pendola, nel suo contributo di filosofia della morale, afferma:

«In questo non è meno certo il dovere della riparazione, ma non è egualmente agevole. Chi ripara alla perdita della verità, della virtù, del credito, della reputazione? Si beve facilmente l'errore e il vizio; ma chi sa, chi può, chi vuol tornare alla verità e alla virtù? Si accolgono le accuse e le calunnie che distruggono il credito, l'onore altrui; ma chi crede alle ritrattazioni, le quali sono pure un dovere della riparazione?» (p. 224), (28).

L'autore insiste sul fatto che, per essere considerato veramente etico, l'atto riparatore da parte dell'offensore deve essere supportato dal sincero desiderio e intenzione di riconoscere l'errore e volere il bene dell'offeso, riportando ogni cosa nello stato precedente al danno procurato e non rappresentare semplicemente un atto esteriore, compiuto al solo fine di riacquistare la propria credibilità nella vita sociale e civile.

f. **Prudenza**. La *prudenza* può essere definita come «quell'abito di moderazione che ci rende *propri* a operare ragionevolmente nelle varie contingenze della vita» (p. 76), (29). Secondo Corte tale principio comprende tre virtù particolari:

1. agire in ogni tempo con riflessione;
2. giudicare rettamente la natura delle cose buone o malvagie che ci possono spingere a operare;
3. individuare e usare i mezzi più idonei e convenienti a conseguire il fine, ovvero il bene.

L'applicazione di queste virtù implica la necessità di valutare oculatamente una determinata situazione, attraverso un discernimento del vero bene e, successivamente, passare all'azione (agire di conseguenza), assumendo le giuste decisioni. San Tommaso considera la prudenza come la capacità di «avere la giusta valutazione delle azioni da compiere», dopo aver analizzato, riflettuto e studiato, affiancando a essa un'ulteriore virtù, la *solerzia*. Attraverso questa virtù è possibile prevedere le situazioni impreviste o improvvise, permettendo così di decidere prontamente (30).

g. **Veracità**. Il principio di *veracità* o veridicità trova il suo fondamento non solo nel dovere di dire la verità, ma soprattutto nell'avere il coraggio della verità. Senza di esso non è possibile stabilire rapporti fiduciari tra gli individui e nei gruppi, poiché una comunicazione efficace esige la necessità di non indurre in errore chi ascolta. Enunciando il falso, infatti, viene meno l'equilibrio nelle relazioni umane, sociali ma anche economiche, a causa del disordine e disorientamento che contribuisce a creare.

h. **Fedeltà** e **Onestà**. Mentre il dovere di fedeltà implica la necessità di mantenere le promesse e gli impegni presi (19), il principio di onestà rappresenta la qualità morale che permette di agire in maniera leale e trasparente. Per questo motivo, come vedremo in seguito, anche nell'ambito dell'etica aziendale, tale principio è considerato fondamentale nei processi decisionali ed è correlato positivamente al comportamento etico, contestualmente ad altri importanti valori quali: lealtà, integrità, affidabilità, assistenza agli altri, rispetto delle leggi, perseguimento dell'eccellenza ed esemplarità, leadership, reputazione e responsabilità personale (14).

1.3 Moralità ed etica individuale. Il ruolo delle persone nei processi di cambiamento etico-morale

Prima di affrontare il tema dell'etica in ambito organizzativo e aziendale, si ritiene opportuno svolgere alcune considerazioni sull'importanza e il ruolo che l'etica della persona (*etica individuale*) esercita, come principio fondativo e leva principale, sulla famiglia, sulla società intera, nelle organizzazioni pubbliche e private. L'etica individuale, infatti, deve necessariamente essere alla base di ogni processo, sia esso umano, sociale, economico o politico. Da questo punto di vista, la questione etica presuppone una concezione integrale dell'uomo nelle sue due dimensioni, dell'essere e dell'agire.

L'etica personale rappresenta il riflesso del carattere di una persona. Il carattere è costituito da quei principi e valori che conferiscono alla propria vita una direzione, significato e profondità. Questi elementi provengono dal senso interiore di ciò che è giusto e ciò che è sbagliato e includono caratteristiche quali l'integrità, l'onestà, il coraggio, la correttezza e la generosità che condizionano le difficili scelte da compiere nella vita (31). Infatti, se è vero che generalmente l'azione esteriore compiuta da un soggetto è conseguenza dell'essere considerato interiormente (tizio agisce onestamente perché fondamentalmente è onesto), è anche vero che non sempre chi agisce onestamente (almeno esteriormente) persegue un fine orientato al bene altrui, ma piuttosto orienta la propria azione a favore di un proprio interesse. L'azione è certamente diretta a raggiungere un fine, ma diversa può essere la motivazione che spinge il soggetto ad agire in un certo modo piuttosto che in un altro. Di conseguenza l'atto o comportamento esteriore è sempre motivato da un'intenzione (giusta o sbagliata) e può essere dettato da diversi fattori intenzionali e motivazionali (19). Eppure questi ultimi possono anche essere controversi, discutibili e riprovevoli, da un punto di vista morale: tizio compie una buona azione perché spinto dal desiderio di aiutare sinceramente il prossimo o esclusivamente per un tornaconto personale, in termini di maggiori onori e visibilità sociale? Per questo motivo, come afferma Gildenhuys (2004), l'etica personale si riferisce alla percezione individuale dell'idea di giusto o sbagliato, fondata sul sistema di valori in cui si crede. Secondo l'autore tale percezione rappresenta più di una semplice opinione personale che, in quanto tale, non costituisce l'etica in sé e i valori e le norme sottostanti. Per ricondurre la percezione di bene e male al concetto di etica personale, è necessario far riferimento a un insieme di principi o agenti esterni utili per valutare la condotta personale. In altre parole, ciò significa far riferimento a un insieme di valori generalmente accettati come autorevoli e riconosciuti da un certo numero di persone, per conferire alle azioni da intraprendere una giusta direzione.

In tale contesto, rappresentano dei buoni esempi le decisioni assunte avendo come punto di riferimento i principi e i valori della dottrina religiosa (p. 19), (31). L'etica personale, tuttavia, condiziona fortemente l'etica professionale. Virtù quali l'integrità individuale, l'onestà e la condotta morale sono elementi fondamentali per essere un buon leader e guida di un team o di un'organizzazione, a prescindere dal contesto, privato o pubblico, nel quale tale autorità viene esercitata. L'atteggiamento morale di un gruppo deriva, in definitiva, dalla condotta morale dei singoli individui. In questo senso, il cambiamento etico comporta necessariamente un mutamento sostanziale del modo di pensare e del modo di essere orientato al bene e caratterizzato da un maggiore contegno e dignità personale. Non vi può essere un cambiamento morale ed etico delle istituzioni e della società se non attraverso una trasformazione delle singole persone, in termini di condotta e mentalità, del loro modo di rapportarsi agli altri (il cambiamento sociale si ottiene da un cambiamento etico delle persone) (32). «I disordini della società derivano da quelli della famiglia», dicevano Sant'Angela Merici e don Gaspero Olmi e non c'è dubbio che ciò si riflette inevitabilmente sul modo di pensare e agire nel contesto privato e personale, così come in quello economico, politico e sociale:

«Allo spettacolo di una società che di giorno in giorno fa straordinari progressi nel male, e s'incammina perciò a grandi passi all'ultimo suo precipizio, molti *dimandano* con voce affannosa "non può trovarsi adunque un qualche argine a questo torrente devastatore che trascina la società disgraziata in grembo alla morte?" [...]. Non si vuole andare alla radice del male; per questo non riesce di *esterminarlo*. Si vuol lavorare intorno alla piaga, ma non voglionsi adoprare i ferri sulla piaga medesima; per questo essa conserva la sua vita, e la speranza della guarigione ogni giorno più si allontana. Il verme principale sta nella famiglia. È in seno alla famiglia che alimentasi la peste che tutto assale e distrugge. Se la famiglia è santa, è santa ancora la società; ma il pretendere che il frutto d'una famiglia empia sia una società modello di virtù, oh! questa è una pazzia, quasi direi inconcepibile. I membri della società sono in faccia alla famiglia quello che sono i pomi in faccia all'albero che li ha prodotti» (p. 5), (33).

Una società è composta da individui, famiglie, aziende, organizzazioni, istituzioni; se sono sani gli individui e i gruppi di individui che la compongono e interagiscono tra loro, si può parlare di società sana. Al contrario, una società degradata e corrotta (a livello sociale, economico, politico) è frutto della corruzione e degrado di individui e gruppi di individui. Solo facendo leva sulle effettive capacità etico-morali della persona, maggiormente orientate al perseguimento dei principi di onestà, giustizia ed equità al fine di ottenere concreti miglioramenti sociali, si otterrà un rafforzamento del senso di edificazione morale (migliorare con continuità e non danneggiare il prossimo).

Riportiamo a questo proposito un pensiero di grande forza e valore attuale, riconducibile a Sant'Agostino, ripreso da *Civitate Dei* (Libro IV) e che non necessita di ulteriori commenti:

«Se non è rispettata la giustizia, che cosa sono gli Stati se non delle grandi bande di ladri? Perché anche le bande dei briganti che cosa sono se non dei piccoli Stati? È pur sempre un gruppo di individui che è retto dal comando di un capo, è vincolato da un patto sociale e il bottino si divide secondo la legge della convenzione. Se la banda malvagia aumenta con l'aggiungersi di uomini perversi tanto che possiede territori, stabilisce residenze, occupa città, sottomette popoli, assume più apertamente il nome di Stato che gli è accordato, ormai nella realtà dei fatti, non dalla diminuzione dell'ambizione di possedere ma da una maggiore sicurezza nell'impunità. Con finezza e verità a un tempo rispose in questo senso ad Alessandro il Grande un pirata catturato. Il re gli chiese che idea gli era venuta in testa per infestare il mare. E quegli con franca spavalderia: la stessa che a te per infestare il mondo intero; ma io sono considerato un pirata perché lo faccio con un piccolo naviglio, tu un condottiero perché lo fai con una grande flotta».

1.4 Etica pubblica, bene comune e giustizia sociale

Avendo appurato che l'etica, vista come un insieme di principi, rappresenta una sorta di guida per la condotta umana, è possibile applicare tale sua specificità anche all'etica pubblica e privata. Nell'analisi della dimensione pubblica dell'etica diventa rilevante introdurre la distinzione tra etica normativa ed etica descrittiva (argomenti che saranno sviluppati in maniera più approfondita nel prossimo capitolo).

L'etica normativa è la disciplina che:

«Studia valori, principi e norme di comportamento, in relazione a ciò che è lecito o non lecito (bene/male) e ne ricerca le fondazioni e giustificazioni» (p. 193), (23).

Essa prescrive ciò che è permesso fare o non fare, da un punto di vista etico, anche attraverso standard e codici di condotta che possono essere codificati e non codificati. Sgreccia (2007) poi distingue l'etica normativa tra *etica generale* ed *etica speciale*, definendo la prima come deputata a fissare ed elaborare l'insieme *delle fondazioni, dei valori, dei principi e delle norme* e la seconda come *applicazione di tali principi, norme e valori* declinabili nei diversi ambiti della società (economico, politico, professionale).

L'etica descrittiva è invece costituita da affermazioni non normative e si limita a descrivere ed esaminare «i costumi, i comportamenti relativi ai valori, ai principi e alle norme morali di una determinata popolazione o di più popolazioni in generale o inerenti a uno specifico fatto» (23). Pertanto il suo compito principale è quello di analizzare le politiche e i codici di condotta, sia della singola persona, sia di gruppi e organizzazioni, indagando concretamente sulle diverse variabili e fattori contestuali che sono ritenuti responsabili di un determinato comportamento e facendo delle previsioni, relativamente a ciò che sarebbe potuto accadere se fosse stato messo in atto un diverso comportamento (34).

Alla luce di questa breve premessa, risulta intuitivo che la dimensione pubblica dell'etica richieda la condivisione di valori positivi e principi guida, volti a garantire uniformità e coerenza nei comportamenti eticamente e giuridicamente adeguati. È ovvio che questi comportamenti, nell'ambito di qualsiasi azienda, e ancor di più di quelle pubbliche, dovrebbero essere orientati al perseguimento della giustizia sociale, connesso al bene comune e al bene della collettività. Totaro (2013), genericamente, definisce l'etica pubblica:

1. da un lato, come un insieme di principi e di regole preposte a istituzioni che consentano una giusta partecipazione ai beni e alle risorse della convivenza;

2. dall'altro, come un catalogo di virtù grazie alle quali esercitare comportamenti giusti nelle relazioni tra soggetti che assumono valori e regole comuni (onestà, trasparenza, responsabilità, integrità, sobrietà) (35).

Ad ogni modo, è possibile definire correttamente tale concetto ricorrendo alle espressioni contenute nella Costituzione. Indirettamente, si deduce che deve essere considerato etico:

«L'agire da parte di ogni pubblico agente, nell'esercizio delle funzioni che gli sono affidate, con disciplina e onore, con imparzialità nei confronti del pubblico e attraverso un'azione che, nel suo complesso, si pone a servizio esclusivo della Nazione, cioè della collettività medesima [...]. Il comportamento corretto dei pubblici agenti deve essere inteso come quello da osservarsi sia nei confronti dell'Amministrazione di appartenenza (elemento questo che accomuna i pubblici agenti a ogni operatore nell'ambito di aziende e società private), sia nei confronti del pubblico, cioè della collettività servita, alla quale i pubblici agenti sono legati da un diretto rapporto di servizio, contrappuntato da specifici doveri che non si rinviene nell'ambito delle attività prestate nel settore privato» (p. 28), (36).

Inoltre, come fa notare G. Bicocchi (2005), il termine *etica pubblica* originariamente faceva riferimento all'insieme dei dipendenti pubblici impegnati sia nei pubblici servizi che nelle strutture autoritative delle pubbliche amministrazioni. Essi rappresentavano un'istituzione caratterizzata da una forte identità e da una seria coscienza professionale che, nei fatti, comportava e richiedeva sia competenza e preparazione, ma soprattutto un forte senso di responsabilità «nei rapporti con i cittadini e un'autonomia dignitosa verso gli amministratori». A questo proposito, l'autore ci tiene a sottolineare quanto segue:

«Molti operatori pubblici descrivevano la loro funzione come una "missione" e spesso la vivevano così, anche concretamente [...]. La dimensione di massa dei pubblici dipendenti ha oggettivamente indebolito questa visione, ma non l'ha negata radicalmente [...]. È possibile e doveroso riproporre il senso morale, etico della funzione o del servizio svolto, anche nella pubblica amministrazione di oggi. Se non si ha il coraggio di parlare di "missione", se è troppo retorico e centralistico parlare di nuovo di "servitori dello Stato", si diventi "moderni" usando l'inglese e si parli di *Civil Servants*; ma si riproponga il senso forte del "pubblico servitore", di chi è, certamente, pagato nel suo lavoro, ma non per un lavoro da svolgere nell'interesse proprio o di parte e quindi "privato", ma nell'interesse pubblico, per il bene comune. Come fondare altrimenti la doverosa "imparzialità" delle pubbliche amministrazioni o la legittimità degli atti amministrativi da compiersi solo nel pubblico interesse? Occorre riproporre l'etica del funzionario pubblico, come servitore dell'istituzione alla quale appartiene, e non del Sindaco o del Ministro pro-tempore; dovendo tutti tener presente che l'istituzione stessa è, poi, soltanto a servizio della comunità e dei cittadini che la costituiscono. Qualcosa si muove in questo senso, e sarebbe davvero un bel segnale la nascita di un'Associazione dei *Civil Servants*, anche in Italia, per difendere questa essenziale "eticità" della loro funzione» (37).

Da ciò si evince, dunque, che tutte le scelte intraprese dai decisori pubblici (Stato e Amministrazioni) sono strettamente correlate al concetto di giustizia sociale, il cui principio fondamentale si fonda sullo sviluppo economico e il progresso sociale, a vantaggio di tutte le categorie di cittadini. L'obiettivo è quello di fornire i mezzi sufficienti e necessari per garantire una vita degna a tutti coloro che vivono in una società (38). L'Enciclica *Quadragesimo anno* di S. S. Pio XI, *Sulla restaurazione dell'ordine sociale*, indica chiaramente i principi e i modelli a cui fare riferimento, da un lato, per agevolare la costruzione di un sistema economico, sociale e politico che miri a consolidare valori come la giustizia sociale, la solidarietà e il bene comune; dall'altro, per impedire la spoliazione delle risorse e dei beni da parte di una classe a svantaggio di altre, garantendone la giusta ripartizione. Nello specifico si afferma:

«Onde è necessario che le ricchezze le quali si amplificano di continuo grazie ai progressi economici e sociali, vengano attribuite ai singoli individui e alle classi in modo che resti salva quella comune utilità di tutti, lodata da Leone XIII, ovvero, per dirla con altre parole, perché si serbi integro il bene comune dell'intera società. Per questa legge di giustizia sociale non può una classe escludere l'altra dalla partecipazione degli utili. Che se perciò è violata questa legge dalla classe dei ricchi, quando spensierati nell'abbondanza dei loro beni stimano naturale quell'ordine di cose, che riesce tutto a loro favore e niente a favore dell'operaio, è non meno violata dalla classe proletaria, quando, aizzata per la violazione della giustizia e tutta intesa a rivendicare il suo solo diritto, di cui è conscia, esige tutto per sé, siccome prodotto dalle sue mani, e quindi combatte e vuole abolita la proprietà e i redditi o proventi non procacciati con il lavoro, di qualunque genere siano o di qualsiasi ufficio facciano le veci nell'umana convivenza e ciò non per altra ragione se non perché son tali. A ciascuno dunque si deve attribuire la sua parte di beni e bisogna procurare che la distribuzione dei beni creati, la quale ognuno vede quanto ora sia causa di disagio, per il grande squilibrio fra i pochi straricchi e gli innumerevoli indigenti, venga ricondotta alla conformità con le norme del bene comune e della giustizia sociale» (p. 8), (39).

28

Bibliografia

1. Giornale di Metafisica (1969), Società Editrice Internazionale.

2. Da Re A. (2008), Filosofia morale: storia, teorie, argomenti, Mondadori Ed.

3. Daft R.L. (2004), Organizzazione aziendale, Apogeo Education.

4. Donatelli P. (2015), Etica. I classici, le teorie e le linee evolutive, G. Einaudi Editore.

5. Nobile M. (2002), La parola e l'enigma: un'interpretazione dell'etica di Aristotele, Carocci Ed.

6. Zanatta M. (2002), Aristotele. Etica Nicomachea, Rizzoli Ed.

7. Mondin B. (2000), Etica e politica, Edizione Studio Domenicano.

8. Sant'Agostino D'Ippona (2016), *De Vera Religione*, 39.72, Le vie della cristianità.

9. San Tommaso D'Aquino (1996), La Somma Teologica, Vol. 2, II Parte, Edizione Studio Domenicano.

10. Mondin B. (2000), Etica e politica Ed. Studio Domenicano.

11. Vendemiati A. (2008), In prima persona. Lineamenti di etica generale, Urbaniana University Press.

12. Card. Carlo Caffarra (2012), Comparazione tra matrici etiche.

13. Caltagirone C. (2017), Etica dei servizi alla persona e delle relazioni d'aiuto. Orizzonti valoriali di riferimento, Studium Editore.

14. Sciarelli S. (2007), Etica e responsabilità sociale nell'impresa, Giuffrè Ed.

15. Gambei E.L. (2010), Manuale del manager e del consigliere di amministrazione, F. Angeli Ed.

16. Rivista di filosofia (1953), Taylor editore, Volumi 44-45, p. 325.

17. Carrer F., Seniga M.A. (2011), L'Etica della polizia. Teoria e pratica, Maggioli Ed.

18. Romita T. (2010), Il turismo residenziale, F. Angeli Ed.

19. Allegri F. (2017), Obbligo morale. Breve introduzione alle teorie etiche della condotta, LED, Milano.

20. Falletti E., Piccone V. (2012), Il nodo gordiano tra diritto nazionale e diritto europeo, Cacucci Ed.

21. Vendemiati A. (2002), La specificità bio-etica, Rubbettino Ed.

22. Frankena W.K. (1981), Etica. Un'introduzione alla filosofia morale, Edizioni di comunità.

23. Sgreccia E. (2007), Manuale di bioetica, Vita e pensiero.

24. Tugnoli C. (2002), La bioetica nella scuola, F. Angeli Ed.

25. Colombo G.M. (2003), *Sapiens Aequitas*. L'equità nella riflessione canonistica tra i due codici.

26. Piaget J. in De Sensi Frontera A. (2009), Sul giudizio morale, Sovera Ed.

27. Delle Donne R. (2014), Studi e ricerche di Scienze umane e sociali.

28. Pendola T. (1857), Prelezioni di filosofia della morale, Siena.

29. Corte P.A. (1852), Elementi di Etica, Torino.

30. Ruisi M. (2010), Antropologia ed etica Aziendale. Note in tema di trascendentali e virtù imprenditoriali, Giuffrè Ed.

31. Gildenhuys J.S.H. (2004), *Ethics and professionalism. The battle against public corruption*, Sun Press.

32. Colom E. (1996), Chiesa e Società, Armando Ed.

33. Olmi G. (1868), Manuale delle Madri Cristiane sotto il titolo di amanti di Maria, Modena, Tip. dell'Immacolata Concezione, Seconda Edizione.

34. Jones D.G., Daly E.L. (1992), *Sports Ethics in America*, Greenwood Press.

35. Totaro F. (2013), L'etica pubblica questione cruciale della democrazia, vol. 81, n. 3, Etica pubblica e democrazia, pp. 17-31.

36. Vandelli L., Tubertini C. (2009), Etica pubblica e buona Amministrazione. Quale ruolo per i controlli, F. Angeli Ed.

37. Bicocchi G. (2005), Etica pubblica e senso delle istituzioni, http://www.fucinaidee.it/documenti11/doc060-11.htm.

38. Don Curzio Nitoglia (2010), Carità e giustizia sociali come fondamento della politica.

39. Enciclica *"Quadragesimo Anno"* di S. S. Pio XI (1931) "Sulla restaurazione dell'ordine sociale in piena conformità con le norme della legge evangelica nella ricorrenza del XL anniversario dell'Enciclica *Rerum Novarum* di S. S. Leone XIII".

2. LO SVILUPPO ETICO D'IMPRESA.
APPROCCI E LIVELLI

Peter F. Drucker
Non separate i valori personali in merito a ciò
che è giusto e ciò che è sbagliato da quelli
che mettete in pratica sul lavoro.

2.1 Considerazioni generali

Negli ultimi decenni, l'interesse crescente per il dibattito sull'etica d'impresa e nell'impresa ha contribuito alla diffusione di numerosi e fondamentali studi sulla possibile applicazione dei principi etici e morali nel contesto aziendale ed economico. Questa necessità di declinare tali principi, non solo nel settore pubblico ma anche nel mondo degli affari, nasce come conseguenza dei danni provocati, al singolo individuo e alla società intera, dalla corruzione sempre più dilagante e da comportamenti moralmente discutibili, se non addirittura riprovevoli. Ci si riferisce, in particolar modo, alle scelte operate, in maniera scellerata e al limite della "criminosità", da molti decisori aziendali pubblici e privati, nell'esercizio delle loro funzioni orientate al raggiungimento del profitto e del potere ad ogni costo, anche contravvenendo alle più basilari norme previste dalla legge, in materia di etica, buon governo, diligenza e responsabilità verso il prossimo, a discapito di principi quali l'onestà, la dignità, l'integrità e la trasparenza. Per tale motivo si ritiene opportuno procedere a un approfondimento del concetto di etica aziendale, soprattutto se si considera che oggi ancor più che in passato, molte aziende, almeno teoricamente, hanno riconosciuto l'importanza di integrare gli aspetti etici e morali nell'ambito delle loro politiche strategiche. Tutto questo per tentare di arginare i danni derivanti da evidenti cali d'immagine, reputazione e credibilità, perdite di quote di mercato e volumi delle vendite (1). La produzione scientifica in materia di *Business Ethics* risulta particolarmente vasta. Procedere con un'analisi critica della letteratura rappresenta il fondamento teorico da cui partire, al fine di individuare i modelli più coerenti e utili per l'implementazione pratica dei comportamenti etici ritenuti più corretti.

2.2 Definizione di etica aziendale e approcci

Quale interesse hanno le aziende ad agire eticamente? Questa è la domanda di partenza che rappresenta il perno del discorso e richiede delle risposte. In primo luogo, l'attribuzione alle aziende della dimensione etica è giustificata dal fatto che l'azienda è un organismo socioeconomico costituito da un insieme di persone che, attraverso una collaborazione costante e sinergica, perseguono ulteriori finalità rispetto alla mera massimizzazione del profitto e del valore economico. Esse, infatti, sono orientate non solo al mantenimento degli equilibri patrimoniali, economici e finanziari, ma soprattutto alla c.d. *creazione di valore*, in termini di soddisfazione degli interessi e aspettative delle diverse categorie di stakeholder (dipendenti, fornitori, clienti/consumatori, comunità locali, banche, mondo politico) che, direttamente o indirettamente, partecipano all'attività aziendale. In particolare, lo studio dell'etica dell'impresa, orientata al profitto, riguarda le modalità attraverso cui le aziende affrontano il dilemma etico, mentre contestualmente cercano di mantenere gli equilibri suddetti (2). In altre parole ci si chiede:
1. quale decisione prendere in quel determinato contesto?

2. la decisione presa è moralmente giusta o sbagliata?

3. può arrecare danno o ledere il diritto di qualcuno?

La premessa necessaria per rispondere a tali quesiti è, da un lato, quella di fornire la definizione più corretta ed efficace di etica aziendale o *business ethics*; dall'altro di stabilire a quando risale il primo tentativo di dare autonomia a quella che si sarebbe affermata come disciplina indipendente (ma nello stesso tempo fortemente correlata con altre discipline economiche e aziendali).

Il concetto di etica aziendale comincia a emergere nella letteratura statunitense intorno agli anni '70, periodo caratterizzato da una serie di gravi scandali che hanno travolto importanti aziende americane come Enron, WorldCom, Lehman Brothers, Chrysler, General Motors, con un conseguente impatto negativo sulla comunità e l'economia (3). Questo fenomeno ha indotto gli studiosi aziendalisti ed economici a chiedersi se i principi etici e valori morali (quali onestà, integrità, trasparenza, lealtà, impegno) potessero essere concretamente applicati per orientare i comportamenti, le decisioni e le scelte aziendali degli individui. L'etica aziendale è stata, infatti, definita come l'insieme di regole, principi, codici diretti a indicare e promuovere delle linee guida da seguire, al fine di orientare gli individui verso comportamenti moralmente corretti, in specifiche situazioni aziendali (4).

Al contrario, il comportamento non etico è stato definito come un comportamento illegale e moralmente non accettabile da parte di individui, gruppi di individui e organizzazioni che, attraverso la violazione di principi, valori e norme, provoca effetti dannosi su altri individui se non addirittura alla società intera. Per promuovere e praticare comportamenti etici è fondamentale che i responsabili di realtà aziendali ed economiche, nell'esercizio dei propri poteri e attività, agiscano nell'interesse generale e sociale e non esclusivamente per conseguire il profitto, il proprio interesse e status personale. Difatti, come afferma Capotosti (2013):

«Il profitto è legittimo e doveroso, sempreché sia qualificabile come *profitto giusto*. L'etica del profitto giusto impone che lo stesso sia formato dagli utili d'impresa come eccedenza attiva risultante dalla differenza tra ricavi e costi correttamente calcolati. E soprattutto deve trattarsi di profitto che possa anche indirettamente ricadere a vantaggio della collettività sociale; profitto senza egoismo, con un occhio attento all'utilità sociale. Bilanci poco trasparenti, o addirittura trucchi contabili, lavoro nero, fatturazioni irregolari, evasioni o frodi fiscali, riciclaggio di capitali, pratiche collusive con effetti anticoncorrenziali o abusi di posizione dominante e altri comportamenti scorretti, anche se non accertati come reati o illeciti di natura giuridica, sono incompatibili con la nozione del giusto profitto [...] e non sono eticamente accettabili» (p. 61), (5).

Per questo motivo, spesso si tende a considerare che il comportamento non etico emerge laddove manchino norme socialmente strutturate e virtù morali (considerate di ordine superiore) come l'onestà, la fedeltà, la correttezza, la trasparenza. Il comportamento non etico viene inteso, pertanto, come un fenomeno sociale influenzato dalle differenti caratteristiche individuali, dalle relazioni sociali, dalla decadenza morale nelle diverse strutture sociali ed economiche (6). In questo contesto molto eterogeneo è emerso un filone di ricerca che ha identificato e analizzato l'etica nelle sue tre dimensioni fortemente collegate tra loro (7):
1. etica aziendale;
2. etica manageriale;
3. etica economica (Fig. 2.1).

Fig. 2.1 – Dimensioni e livelli dell'etica

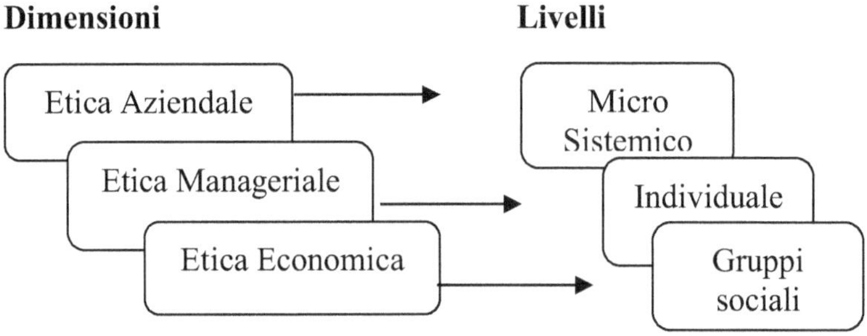

Dimensioni   **Livelli**

Etica Aziendale → Micro Sistemico

Etica Manageriale → Individuale

Etica Economica → Gruppi sociali

Fonte: elaborazione da Gabrovec Mei in Sciarelli (2007), *op. cit.*

1. L'*Etica aziendale* si sviluppa a livello micro sistemico e, come sottolinea Sciarelli (2007), a sua volta comprende:
- l'etica dell'impresa, che si caratterizza per l'adozione di codici etici;
- l'etica nell'impresa, che si concentra sulla diffusione di tali codici nell'organizzazione.

Nell'ambito di questa prima dimensione, interessanti sono due definizioni che ci consentono di comprendere meglio il significato di etica aziendale. La prima è quella fornita da Brioschi (2003), secondo cui essa rappresenta:

«Il complesso di principi, volto a orientare la gestione del potere da parte dell'azienda stessa a finalità nel contempo economiche e sociali, nella consapevolezza e nell'assunzione piena delle relative responsabilità» (p. 15), (8).

La seconda è riconducibile a Santosuosso (2012) il quale afferma che l'etica aziendale è una branca dell'Economia Aziendale e riguarda l'insieme dei valori e principi che guidano le scelte che l'uomo economico è tenuto a prendere quotidianamente per la corretta gestione dell'azienda (in termini di azioni concrete e obiettivi perseguiti dall'organizzazione) (9). L'etica aziendale, quindi, affronta tematiche complesse quali:
- le modalità di gestione dell'azienda (governo delle aziende), nel rispetto delle norme, degli interessi degli stakeholder e dei valori condivisi;
- la responsabilità nei processi di gestione (responsabilità sociale), che significa promuovere attività eticamente corrette e trasparenti, per il raggiungimento di obiettivi non esclusivamente economici, come il benessere e la coesione sociale (10).

2. L'*Etica manageriale* si sviluppa, invece, a livello individuale e, secondo Sciarelli (2007), riguarda nello specifico «l'interpretazione e attuazione del codice da parte del singolo manager».

La definizione fornita da Richard Daft (2004) appare quella più illuminante. L'autore, in primo luogo, afferma che essa consiste in principi che guidano le decisioni e i comportamenti dei manager in merito al fatto se essi siano giusti o sbagliati sotto l'aspetto morale. In secondo luogo, la responsabilità sociale rappresenta:

«Un'estensione di questo concetto e si riferisce al dovere da parte del management di fare scelte e intraprendere iniziative che facciano sì che l'organizzazione contribuisca al benessere e all'interesse della società così come l'organizzazione stessa» (p. 342), (11).

3. Infine, l'*Etica economica* è riconducibile alla c.d. etica dei gruppi sociali. Infatti, alcuni autori sono concordi sul fatto che:

«L'etica aziendale e, più in generale, l'etica economica rappresentano delle sotto partizioni dell'etica sociale», definita come «la teoria e la prassi di un'esistenza responsabile dell'uomo nel rapporto con il prossimo e l'ambiente» (p. 7), (10).

L'etica aziendale in senso ampio implica, dunque, una convergenza tra la dimensione etica e morale individuale e quella manageriale e organizzativa, poiché i comportamenti di coloro che operano nell'organizzazione contribuiscono a dare un orientamento all'azione aziendale, anche nei rapporti con l'ambiente esterno.

Ci si chiede a questo punto se l'integrazione dei principi etici generali nella pratica aziendale è pura utopia, è un ossimoro (12,13) o al contrario è realmente fattibile. E, una volta introdotti, ci si chiede anche quali siano i suoi effetti sulla performance economica, finanziaria e sociale, visto che, secondo una parte degli aziendalisti, l'etica introdotta e applicata nell'impresa «interferirebbe con il funzionamento efficiente del business» (14). Se da un lato gli studiosi concordano sul significato di etica aziendale, dall'altro sono emerse posizioni discordanti in merito alla sua reale implementazione in azienda, poiché si ritiene plausibile la teoria in base alla quale le aziende si sentono obbligate a munirsi di regolamenti e codici etici veri e propri solo di fronte a una forte pressione sociale.

Per esempio, Drucker (2013) è un sostenitore dell'applicazione dell'etica in azienda. Egli raccomanda di non separare mai i valori personali rispetto a ciò che è giusto o sbagliato (valori utilizzati per discernere il bene dal male), dai valori che si mettono in pratica sul lavoro. E tuttavia, molto realisticamente ritiene anche che, nella pratica aziendale (considerato il modo in cui si comportano concretamente le aziende in talune situazioni), essa non ha nulla in comune con l'etica e i codici morali che si applicano agli individui. Afferma infatti:

«Per qualche misteriosa ragione, le normali regole dell'etica non si applicano al business [...] e a chi è investito di una responsabilità sociale. Per questi soggetti l'etica sarebbe, invece, un mero calcolo di costi e benefici tra le esigenze della coscienza individuale (che li vincola come individui) e quelle del ruolo politico (responsabilità sociale verso il proprio regno): perciò i governanti sarebbero esenti dai vincoli dell'etica, se il loro comportamento può apportare benefici ai governati» (p. 27), (15).

2.3 Ambiti principali dell'etica aziendale

Il richiamo da parte degli studiosi, in merito alle diverse definizioni di etica aziendale in termini di etica applicata, è utile per delimitare il campo di applicazione nella pratica aziendale. E per comprendere il motivo per cui l'etica aziendale è stata considerata una scienza applicata (piuttosto che descrittiva o normativa), occorrerà procedere attraverso una necessaria distinzione tra etica descrittiva, normativa e applicata che, in linea generale, si sviluppa secondo lo schema seguente (16). Nel paragrafo successivo l'analisi riguarderà sia la definizione e descrizione in senso generale che quelle declinate a livello aziendale.

Fig. 2.2 – Ambiti di applicazione dell'etica

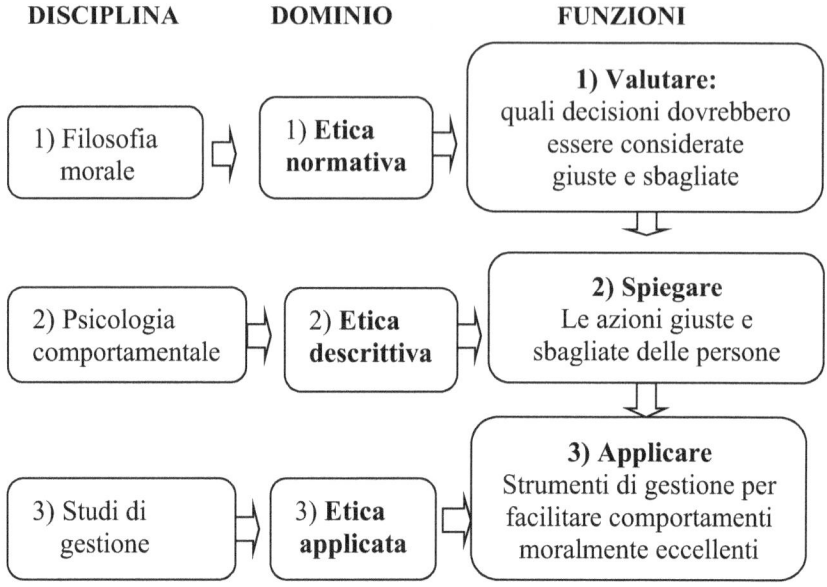

DISCIPLINA   **DOMINIO**   **FUNZIONI**

1) Filosofia morale → 1) **Etica normativa** → **1) Valutare:** quali decisioni dovrebbero essere considerate giuste e sbagliate

2) Psicologia comportamentale → 2) **Etica descrittiva** → **2) Spiegare** Le azioni giuste e sbagliate delle persone

3) Studi di gestione → 3) **Etica applicata** → **3) Applicare** Strumenti di gestione per facilitare comportamenti moralmente eccellenti

Fonte: adattamento da Laasch O., Conaway R. N. (2013), *op. cit.*

2.3.1 Etica Normativa

Quali azioni/decisioni sono giuste o sbagliate? Come ci si dovrebbe comportare? Cosa si dovrebbe fare? Queste sono le domande da porsi nell'ambito della prospettiva definita "*normativa*" o "*prescrittiva*". Essa fornisce, infatti, indicazioni e orientamenti sul comportamento umano, professionale e aziendale. Come fa notare Sims (2003), attraverso l'etica normativa è possibile individuare e sviluppare i principi morali di base (scegliere ciò che è giusto in termini di giustizia, onestà, equità e correttezza), volti a orientare la condotta, i comportamenti, le azioni e le decisioni individuali. L'etica normativa aziendale, invece, propone una serie di principi rivolti a favorire e facilitare la distinzione tra decisioni e comportamenti etici e non etici nella pratica aziendale (cosa dovrebbe essere o non essere) (17).

Interessante, a questo proposito, è l'analisi condotta da Byars e Stanberry (2018), nel cui contributo illustrano tre differenti prospettive:

1. la prima consiste «nell'esaminare i fini o le conseguenze che una decisione produce, al fine di valutare se tali fini siano etici o meno». Rientrano in questa prospettiva l'utilitarismo e il *consequenzialismo*. Secondo tali principi, un'azione/decisione viene considerata etica se la conseguenza di quella decisione o azione è rappresentata dal raggiungimento del benessere per il maggior numero di persone. Ciononostante, l'approccio suddetto si concentra solo sulle conseguenze, ma non sui mezzi e gli strumenti necessari per conseguire quel particolare fine (18).

2. Al contrario, il secondo approccio esamina le azioni, i mezzi e gli strumenti necessari per attuare una decisione aziendale. Un esempio tipico è rappresentato dalla deontologia. Essa presuppone che:

a. ogni individuo abbia dei precisi doveri verso gli altri;

b. sussistano delle regole fisse assolute, universalmente riconosciute, «da applicarsi in ogni situazione e che ci vincolano a questi doveri», al fine di agevolarci nella risoluzione del problema etico individuato.

In base a questa prospettiva, «le nostre azioni sono etiche solo se aderiamo a queste regole». E i mezzi utilizzati per adempiere al meglio ai nostri doveri rappresentano «il determinante principale della condotta etica». Inoltre, il decisore ha il compito di valutare la correttezza o scorrettezza del comportamento e la decisione assunta viene confrontata con norme predeterminate, quali l'onestà, l'equità e la fiducia (19).

3. Infine, il terzo approccio analizzato da Byars e Stanberry (2018) viene definito *teoria della virtù* e considera come determinante il carattere personale del decisore. Ciò significa che l'individuo agisce in base alla formazione, ai valori e ai principi ricevuti. In altre parole, la natura dell'azione/decisione è condizionata fortemente dal nostro essere e modo di essere, *da ciò che scegliamo di essere* (18).

In questo senso, potrebbe essere applicato il principio enunciato da San Tommaso d'Aquino: *agere sequitur esse, modus agendi sequitur modum existendi* (si agisce per come si è, il modo di agire segue il modo di essere). L'uomo, cioè, agisce in base a quello che egli è, sia da un punto di vista etico che morale, dal momento che tutte le nostre azioni sono la manifestazione e l'origine di quello che noi siamo e pensiamo. Gli individui e, attraverso di essi, le aziende sono chiamate quotidianamente ad assumere decisioni importanti in merito a scelte strategiche di natura economica, organizzativa, strutturale ed etica. Ogni azione compiuta individualmente o per mezzo di un team produce inevitabilmente delle conseguenze positive o negative sull'organizzazione e la società intera (20).

Nell'ambito più specifico dei sistemi economico-aziendali, l'obiettivo principale dell'etica normativa consiste nella valutazione dei modelli economici ritenuti più opportuni per minimizzare i possibili effetti negativi, massimizzando i benefici con riferimento al loro impatto sull'ambiente, sulla società e sulla sostenibilità futura (21). Eppure, affinché questa prospettiva possa essere applicata concretamente all'etica aziendale, è fondamentale garantire sia il rispetto della conformità alla legge e alle norme, sia il contestuale sviluppo e promozione di «una moralità attenta soprattutto allo spirito della legge, oltre che alla lettera della legge» (22). Tutto ciò non si traduce nel solo obbligo esteriore di obbedire ai vincoli imposti dalla legge, ma fa riferimento al c.d. dovere morale di agire, sia nell'interesse dell'impresa che delle differenti categorie di interlocutori interni ed esterni a essa, attraverso la condivisione di valori e principi, per il conseguimento delle proprie finalità economiche e sociali.

2.3.2 Etica descrittiva

L'impostazione descrittiva dell'etica aziendale è stata sviluppata e sostenuta dagli studiosi di scienze sociali nell'ambito delle *business school* intorno agli anni '60, attraverso un'analisi delle pratiche effettivamente riscontrate nelle imprese (23). Tale approccio, essendo un approccio empirico, è stato ritenuto più facilmente adattabile al contesto aziendale. Esso ha, infatti, come obiettivo quello di descrivere e comprendere:

1. a livello di *etica individuale*, il comportamento e i costumi degli individui, soffermandosi in particolar modo su come essi agiscono rispetto alle diverse circostanze;

2. a livello di *etica aziendale*, le attività, le funzioni e le operazioni effettivamente svolte dall'organizzazione, attraverso una descrizione dello status quo (cosa accade realmente in azienda in termini di politiche e strategie aziendali, di conflitti interni ed esterni? Sono coerenti e conformi agli standard etici organizzativi esistenti?) (19).

In particolare, secondo Ferrell (2008) l'approccio descrittivo può essere utile per valutare, da un lato, l'impatto della condotta etica dei singoli soggetti sull'organizzazione (livello micro); dall'altro, l'impatto della condotta e delle decisioni assunte dall'organizzazione sulle diverse categorie di stakeholder interni ed esterni (livello macro).

In termini economico-aziendali, l'etica descrittiva dovrebbe pertanto valutare le relazioni intercorrenti tra le decisioni assunte dagli individui, gli obiettivi che intendono raggiungere e i risultati effettivamente conseguiti, limitandosi a spiegare (descrivere) i comportamenti tenuti dalle persone che hanno assunto quelle decisioni. Alcuni però ritengono che questo processo, di fatto, si realizzi senza tener conto dei valori e delle norme da rispettare, sottostanti a quelle decisioni (9). In generale questa dimensione si focalizza su ciò che accade realmente in azienda, in termini di comportamenti, azioni, decisioni, politiche e pratiche organizzative assunte da manager e lavoratori. In altri termini, nell'etica aziendale il ruolo dell'etica descrittiva è quello di esaminare la condotta, le attività morali ed etiche delle aziende e dei clienti/consumatori, ma attraverso un'analisi approfondita di ulteriori elementi, quali (21):

- la cultura aziendale;
- il processo decisionale e la redistribuzione delle responsabilità per le decisioni chiave;
- i rapporti tra dipendenti e azienda;
- le responsabilità verso l'intera società;
- la responsabilità verso l'ambiente;
- i diritti dei consumatori riguardo ai beni/servizi acquistati;
- gli obblighi dei consumatori riguardo al corretto uso del bene.

2.3.3 Etica applicata

Recentemente è stata sviluppata questa prospettiva a un livello di analisi più specifica e pragmatica, dal momento che l'azienda quotidianamente è chiamata a risolvere problemi concreti, attraverso persone concrete e ad affrontare questioni morali ed etiche reali (24).

Secondo Albuquerque (2010) l'etica aziendale rientra, senza alcun dubbio, nell'ambito delle scienze applicate e professionali, poiché è integralmente e sistematicamente inserita nei processi decisionali organizzativi, per dare soluzione a tutte le problematiche riguardanti la gestione aziendale (25). Tutte le decisioni assunte verrebbero in tal modo sottoposte a una serie di valutazioni e giudizi morali, attraverso l'applicazione di precisi standard etici e normativi, così come avviene per esempio nell'ambito delle scienze mediche, dove alla corretta diagnosi segue (o perlomeno dovrebbe seguire) la giusta terapia, dopo un'attenta e scrupolosa analisi e valutazione della condizione del paziente. Quindi, secondo La Torre (2010), nell'ambito dell'etica aziendale intesa come etica applicata, l'obiettivo è quello di:

«Avvalersi di principi di etica normativa per affrontare problemi morali specifici. Ciò non significa che l'etica applicata debba rinvenire principi speciali e differenti da quelli proposti dalle teorie etiche, ma piuttosto studiarne l'attuazione entro contesti particolari» (p. 41), (24).

Secondo Crane e Matten (2010) ciò significa che l'insieme dei principi morali ed etici può contribuire alla formulazione di una teoria etica che a sua volta può essere applicata in ogni situazione, per la soluzione di problemi o dilemmi etici. L'autore, diversamente da altri, ha preferito fornire due diverse definizioni di moralità ed etica:
1. la moralità riguarda le norme e i valori che definiscono ciò che è giusto e ciò che è sbagliato per un individuo o una comunità;
2. l'etica ha come oggetto principale lo studio della moralità e, attraverso l'uso della ragione, contribuisce a rendere più esplicite regole e principi specifici che determinano ciò che è bene/male, giusto/sbagliato, in una data situazione. L'insieme di queste regole e principi rappresenta una *teoria etica* (fig. 2.3) (26).

Fig. 2.3 – Relazione tra moralità, etica e teoria etica

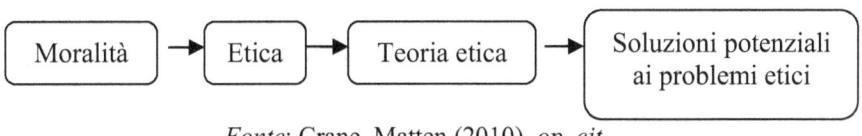

Fonte: Crane, Matten (2010), op. cit.

Tuttavia, nell'ambito dell'attività imprenditoriale sussistono dei vincoli per i quali è necessario garantire il corretto equilibrio tra obiettivi economici e sociali. La gestione aziendale implica la necessità di assicurare stabilità e crescita, massimizzando il profitto e gli interessi dell'azienda, dei clienti e fornitori. Per tale ragione, la mera applicazione delle teorie etiche generali raramente risulta fattibile, se non attraverso opportuni adattamenti dei criteri etici (sottostanti a esse) alle situazioni reali (27). Questo è il motivo per cui l'approccio spesso utilizzato in ambito aziendale è quello basato sui casi aziendali. Infatti, l'interesse per l'etica in azienda è progressivamente cresciuto dopo gli innumerevoli scandali che hanno coinvolto molte imprese, sia a livello nazionale che internazionale. Lo studio di casi particolari e reali è utile per valutare le conseguenze e le implicazioni etiche delle decisioni pratiche assunte ed è finalizzato a individuare le soluzioni migliori per garantire il funzionamento etico della propria organizzazione.

Alla luce di tali prospettive esaminate in precedenza e declinando la definizione di etica nel sistema economico-aziendale, alcuni autori si chiedono se l'etica aziendale possa essere considerata una scienza puramente descrittiva, normativa o applicata. Dall'analisi dei diversi contributi disponibili si evince che, in realtà, l'etica aziendale è caratterizzata da elementi presenti in tutti e tre gli approcci.

Santosuosso (2012) definisce l'etica aziendale come «la disciplina dell'azione umana» che ha come oggetto «la condotta delle persone che prestano la propria opera nell'ambito delle aziende» (9), (p. 6). Pur ammettendo che l'etica aziendale presenta dei caratteri distintivi facilmente identificabili, l'autore ritiene che essa sia una branca o area specifica dell'Economia Aziendale, essendo forte il legame esistente tra l'essere umano (portatore di valori, principi e motivazioni personali) e l'azienda in cui opera. L'etica si configura, quindi, come uno strumento pratico, necessario per fronteggiare la cattiva gestione o arginare gli effetti negativi di comportamenti considerati pregiudizievoli all'interno dell'organizzazione. Per questo motivo è essenziale che le norme di comportamento e gli standard etici siano parte integrante della cultura e strategia aziendale e non semplicemente codificati in documenti formali, codici e carte dei valori, soggetti esclusivamente alle leggi. In effetti, pur essendo indispensabili, le norme, le procedure formalizzate, gli stessi codici etici, di cui gran parte delle aziende si sono dotate, non sono sufficienti per garantire ed esercitare comportamenti virtuosi e maggiore responsabilità, sia internamente che esternamente all'azienda. Da questo punto di vista, emerge come l'etica aziendale rappresenti una forma applicata dell'etica, ovvero un insieme di principi a cui l'azienda fa riferimento per orientare la gestione del potere al conseguimento di finalità economiche e sociali, attraverso una piena assunzione delle responsabilità connesse alle attività svolte e in ordine ai risultati, con l'obiettivo principale di far fronte ai problemi etici dell'impresa (8).

2.4 Livelli dell'etica aziendale

Dopo aver appurato quanto sia importante l'etica come criterio guida nei comportamenti e nei processi decisionali, a livello personale e organizzativo, è opportuno sottolineare che l'etica aziendale è stata esaminata e valutata in un'ottica di classificazione per differenti livelli. I modelli che ne sono derivati hanno mostrato di essere degli efficaci punti di riferimento per migliorare le condizioni etiche e i comportamenti a livello sociale (28). Questo perché gli individui, come le organizzazioni, sono moralmente responsabili delle decisioni assunte e dei risultati conseguiti, soprattutto in termini di conseguenze derivanti dalle proprie azioni.

Da come si evince dalla tabella seguente, in dottrina non si riscontra un'uniformità di pensiero e opinioni riguardo al numero dei livelli anche se, attraverso un'approfondita analisi, emerge unanimità di consenso in merito al significato da attribuire a ciascun livello, sia pur con qualche differenza terminologica.

Tab. 2.1 – I livelli dell'Etica Aziendale

LIVELLI DELL' ETICA AZIENDALE	N. dei livelli	AUTORI
- Macro, Meso, Micro (Individuale, Organizzativo, Sociale)	3	Zimmerli, 2007
- Individuale, Aziendale/Organizzativo, Industriale, Sociale/Internazionale o Globale; - Personale, Organizzativo, Nazionale, Internazionale	4	Weiss, 2009 McDonald, 2015
- Individuale, Organizzativo, Associativo, Sociale, Internazionale; - Individuale, Organizzativo, Industriale, Sociale, Internazionale	5	Carroll, 1978 Sims, 2003
- Individuale, Aziendale, Industria particolare, Nazionale, Internazionale, Globale	6	De George, 2011
- Essere umano individuale, Impresa, Individuo nell'impresa, Impresa nella società, Mondo degli affari (Capitalismo), Affari nel mondo, Spiritualità e affari	7	Solomon, 1997

Fonte: elaborazione dell'autore.

Per comprendere meglio come l'etica possa essere applicata efficacemente in azienda è fondamentale individuare i differenti livelli in cui essa si sviluppa.

Zimmerli (2007), in particolare, dopo aver sottolineato che generalmente gli approcci all'etica aziendale possono essere classificati in base ai sistemi e agli attori a cui si riferiscono, ribadisce la necessità di esaminare l'etica aziendale sotto tre profili o livelli principali: macro, meso e micro (27).

Livello Macro. In base al primo livello vengono analizzati, da un punto di vista etico e attraverso un'analisi critica, i sistemi economico/istituzionali e la società in generale o meglio la validità, la coerenza e le conseguenze delle teorie e degli interventi sociali, economici e politici sul benessere degli individui e quindi rispetto alla realtà delle persone e dei gruppi a cui tali interventi sono diretti. Si propone inoltre di individuare interventi correttivi sui sistemi economici esistenti, finalizzati a garantire maggiore giustizia sociale (ad esempio, proponendo un sistema di tassazione agevolato per le imprese che favorisca la capitalizzazione, gli investimenti e lo sviluppo, piuttosto che un sistema di tassazione non equo ed eccessivamente oneroso).

Livello Meso. A questo livello l'etica si occupa dei problemi morali delle aziende, corporazioni, organizzazioni e delle loro azioni. Questi problemi hanno come oggetto principale:
a. la descrizione dello status quo aziendale in termini di responsabilità aziendale, analisi delle conseguenze delle azioni concretamente intraprese, reali inefficienze strutturali e culturali riscontrate che rendono difficile l'applicazione di standard morali;
b. la proposta di cambiamenti concreti nell'azione imprenditoriale per arginare e prevenire condotte scorrette e immorali e nello stesso tempo promuovere e sviluppare comportamenti virtuosi tra i membri dell'organizzazione, per garantire un perfetto equilibrio tra valori economici e valori morali.

Livello Micro. A livello micro, l'etica cerca di rispondere a domande su come le persone possano agire in maniera moralmente sana nel campo degli affari, orientando gli individui a intraprendere azioni e decisioni consapevoli dal punto di vista morale, nel tentativo di conciliare l'aspetto etico con quello economico. Anche in questo caso, rilevante è la responsabilità dell'individuo:
- nel processo decisionale aziendale;
- nel contesto dell'azione economica e nella società;
- nel prevenire ed evitare condotte e comportamenti scorretti.

Tuttavia, analizzando il contributo di Byars e Stanberry (2018), ci si chiede se effettivamente la formazione etica e la presenza di leggi e normative previste contro la corruzione e la frode possano essere sufficienti per creare le condizioni ad agire in maniera etica. Gli autori affermano, infatti, che:

«La coscienza è un fenomeno personale» e «la corruzione può essere sconfitta solo da individui che agiscono secondo la loro coscienza, sostenuti da sistemi e da una cultura aziendale che incoraggiano tale azione» (p. 150), (18).

Si può senza dubbio affermare che purtroppo nella realtà sociale, economica e politica continueranno a operare individui con una scarsa coscienza morale, convinti (consapevolmente o inconsapevolmente) che le loro azioni/decisioni, molto spesso moralmente deprecabili, siano in linea con il proprio interesse e con quello dell'azienda, senza considerare le conseguenti implicazioni negative.

Carroll (1978) e Sims (2003, 2017), a loro volta, suggeriscono l'esistenza di cinque livelli fortemente correlati tra loro, sviluppati per risolvere problemi etici e morali e prevedere azioni dirette a migliorare le condizioni etiche e comportamentali (Fig. 2.4).

Fig. 2.4 – I cinque livelli dell'Etica Aziendale

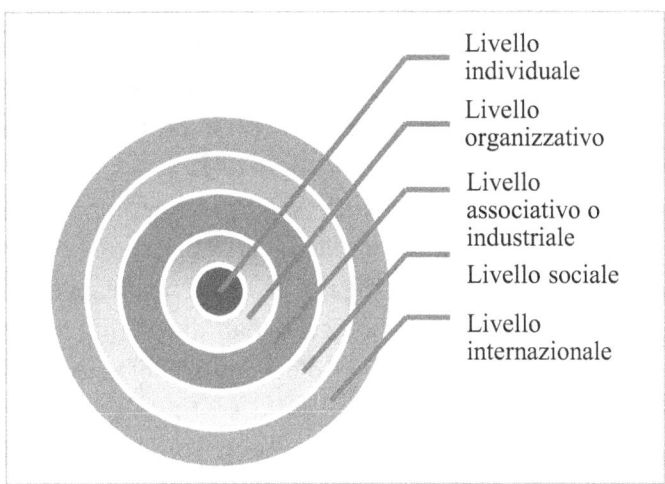

Livello individuale

Livello organizzativo

Livello associativo o industriale

Livello sociale

Livello internazionale

Fonte: adattamento da Carroll (1978) e Sims (2003), *op. cit.*

1. a *livello individuale* le persone sono chiamate a prendere delle decisioni riguardo alla soluzione di problemi, con evidenti implicazioni etiche e morali. Può accadere infatti che, pur avendo ben chiari i concetti di giusto e sbagliato e in presenza di un evidente conflitto morale, l'individuo decida di ignorare la propria coscienza e fare una scelta che, in violazione dei più comuni principi etici e morali, lo porterà a perseguire esclusivamente i propri interessi, a danno di qualcun altro.

2. a *livello organizzativo* questi problemi riguardano coloro i quali ricoprono i diversi ruoli all'interno dell'impresa e le cui decisioni o scelte sbagliate possono avere delle serie ripercussioni sia sulla reputazione e l'immagine dell'impresa stessa, sia verso talune categorie di stakeholder come clienti o concorrenti.

3. a *livello di associazione* (Carrol, 1978) o *industriale* (Sims, 2003), gruppi di imprese decidono di accordarsi per ottenere benefici reciproci. Si pensi alle associazioni delle imprese del farmaco, del turismo, delle attività spaziali, di formazione e ricerca, ecc. Solitamente queste associazioni, per prevenire comportamenti opportunistici e fraudolenti, si dotano di codici etici, guide linea e di comportamento comuni. Con tutto ciò, nonostante la presenza di tali strumenti, molto spesso si verificano casi eclatanti come quello di cronaca recente che ha riguardato, ad esempio, 20 famose case farmaceutiche. In particolare, aziende come Novartis, Sandoz, Pfizer, Teva, Mylan sono state accusate di aver manipolato la concorrenza e di aver gonfiato il prezzo dei farmaci anche del 1000% (https://www.swissinfo.ch/ita/tutte-le-notizie-in-breve/sandoz-tra-società-accusate-di-abusi-tariffali-negli-usa/44959414).

4. a *livello sociale* o *nazionale* si fa riferimento, da un lato, alle leggi e alle normative che regolano, disciplinano e controllano lo svolgimento delle attività ai diversi livelli (sociale, economico, imprenditoriale, amministrativo, ecc.); dall'altro alle aspettative da parte degli interlocutori sociali. Ad esempio, McDonalds (2015) sottolinea come un problema etico molto sentito a questo livello è la presenza di corruzione e comportamenti fraudolenti. E in questo senso l'etica si concentra sulle aspettative da parte della società,

relativamente al comportamento etico tenuto dalle aziende che può essere giudicato come appropriato o non appropriato, a seconda degli effetti positivi o negativi provocati da tali comportamenti sulla società stessa. Fondamentali sono le norme e i valori condivisi dalle aziende che concorrono a orientare e guidare il loro comportamento, al fine di prendere decisioni eticamente corrette e responsabili (4).

5. A *livello internazionale* e *globale*, l'applicazione dell'etica riguarda i complessi rapporti con le aziende (multinazionali) che operano oltre i confini nazionali e i conseguenti problemi derivanti dalla globalizzazione (in materia di sostenibilità, riduzione delle imposte e commercio equo e solidale). Questi problemi dovrebbero trovare soluzione a livello globale, ma le imprese nazionali hanno una precisa responsabilità etica a cui tutti i membri organizzativi devono fare riferimento (23).

Infine, singolare appare la classificazione elaborata nel 1997 da Solomon (29), il quale sostiene che l'etica, intesa come unico sistema di valori e principi universalmente riconosciuti, non può essere applicata al contesto aziendale *tout court*. Piuttosto è opportuno considerare l'etica aziendale come un insieme di norme, valori e principi da adattare adeguatamente allo specifico contesto, considerati i vincoli tipici della gestione aziendale riconducibili alla necessità di conciliare aspetti economici e sociali. L'autore, fatta questa premessa, individua tre differenti sistemi di pensiero etico:

1. *micro*, relativo all'individuo e alle relazioni con altri individui;
2. *molar* o medio, relativo al mondo del business, aziende e industrie;
3. *macro*, relativo al sistema aziendale nel suo complesso, a livello nazionale e internazionale.

Da essi fa derivare sette specifici livelli di *Business Ethics* o Etica Aziendale, riconducibili a ciascuna delle tre categorie suddette:

1. individuo;
2. impresa;
3. individuo nell'impresa;
4. impresa nella società;
5. mondo degli affari (capitalismo);
6. affari nel mondo;

7. spiritualità e affari (religione e significato della vita).

Dall'analisi di questi livelli emerge l'ipotesi secondo cui, nella realtà, l'individuo tende ad agire e a comportarsi diversamente a seconda del contesto in cui si trova e del tipo di relazioni intrattenute a livello privato, sociale e lavorativo. Pertanto, se si considera l'individuo nell'impresa, gli elementi che rilevano maggiormente sono il suo ruolo, le sue responsabilità, il suo contributo, il suo livello di fedeltà ai valori e alla cultura dell'organizzazione, laddove le azioni e le decisioni vengono necessariamente assunte, in primo luogo, nell'interesse dell'azienda.

In altri termini, quando si considera l'etica dell'impresa, ciò che emerge chiaramente è che l'individuo, nel processo decisionale, è fortemente condizionato dalla cultura aziendale e non viceversa; è la cultura aziendale a definire l'insieme dei suoi valori etici e a determinare le azioni dei leader. È altrettanto vero però che l'individuo con i propri valori personali dovrebbe contribuire a dare un senso a ogni altro livello di etica, sia personale (successo individuale), sia in termini di responsabilità nell'azienda e nella società (agire nell'interesse di entrambe).

Infine, l'autore si sofferma sull'importanza della spiritualità correlata al business. Egli sottolinea come, nel processo di assunzione delle decisioni aziendali, non sia affatto coerente tentare di giustificare eventuali azioni e comportamenti non etici e scorretti, facendo ricorso a «Dio e al Cristianesimo solo alla fine della settimana lavorativa». Il business è significativo solo nella misura in cui contribuisce a una vita significativa, piena di valori e principi, senza ricorrere a comportamenti opportunistici e manipolatori. È palese a tutti che nel mondo moderno c'è una tendenza progressiva a disprezzare valori quali l'onestà, la rettitudine, la lealtà, la correttezza, la dignità, l'integrità, la fedeltà, il rispetto verso il prossimo, l'altruismo, valori molto spesso ispirati a un profondo senso religioso. In un tale contesto, privo di valori sostanziali, sia l'etica individuale che quella aziendale sono svuotate del loro vero significato, lasciando spazio all'opportunismo, all'ipocrisia e al cinismo.

2.5 Lo sviluppo etico dell'impresa

Come affermato in precedenza, nella realtà e nella pratica aziendale l'applicazione dell'etica, il più delle volte, è da molti considerata un'utopia. Infatti, l'azienda è un sistema aperto all'ambiente nel quale opera, con il quale interagisce e dal quale è fortemente condizionato, e di conseguenza deve necessariamente tener conto delle implicazioni che ne derivano (non solo economiche, ma anche sociali e politiche).

A questo proposito, nel corso dei decenni si sono profilate differenti posizioni in merito al tema dell'etica nella gestione dell'impresa e, in particolare, le opinioni di coloro i quali sostengono:

1. la non pertinenza dell'etica rispetto all'economia e alla gestione aziendale (30, 31);
2. un'applicazione residuale e strumentale dell'etica nei processi aziendali (32);
3. la necessità di introdurre e integrare i principi etici nella gestione e cultura aziendale (33, 28, 15).

Queste differenti posizioni (alcune delle quali saranno approfondite nel prossimo capitolo) hanno consentito di individuare diversi percorsi di sviluppo morale ed etico che l'azienda può intraprendere per gestire al meglio le proprie attività, attraverso una definizione dei più appropriati modelli di business. Ogni modello di business individuato presenta diversi gradi di correlazione, in progressivo aumento, tra etica e business. Si parte dal presupposto che come gli individui possono essere classificati in base alle proprie caratteristiche e qualità morali, così anche le organizzazioni possono essere classificate in base al loro specifico stadio di sviluppo etico e morale (34). La necessità di istituzionalizzare il concetto di sviluppo etico aziendale nasce dal fatto che inizialmente prevaleva una concezione secondo cui il mondo degli affari è un contesto intrinsecamente amorale, gestito da manager amorali, essendo orientato alla massimizzazione del profitto a tutti i costi (pertanto l'etica non doveva in alcun modo condizionare le scelte e le politiche aziendali). La piramide dello sviluppo etico, proposta da Robin e Reidenbach nel 1991, rende operante il passaggio evolutivo da uno stadio in cui l'impresa è considerata amorale (base della piramide), fino allo stadio più avanzato di sviluppo morale ed etico in cui l'impresa diventa etica (all'apice della piramide, Fig. 2.5). Il modello presenta diverse analogie con i tre modelli di moralità, immoralità e amoralità aziendale, riferiti ai manager e proposti e sviluppati da Carroll nel 1999 (cap. 4, par. 4.2).

Fig. 2.5 – La piramide dello sviluppo etico

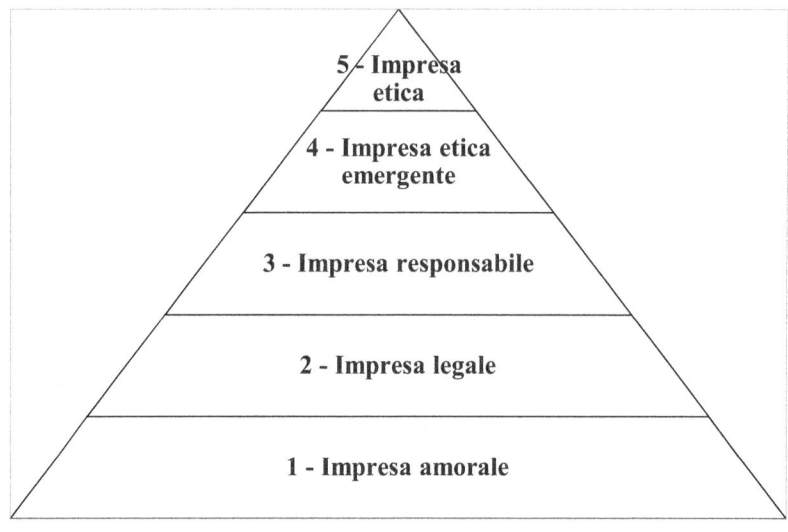

Fonte: Robin, Reidenbach (1991), *op. cit.*

1. L'*impresa amorale*, posta alla base della piramide, persegue come obiettivo principale la massimizzazione del profitto a tutti i costi, nell'interesse degli azionisti (considerati pertanto stakeholder primari).

2. Nell'*impresa legale,* collocata al penultimo livello, il rispetto della legge è fondamentale per garantire la migliore gestione aziendale. Per questo motivo è considerato etico, morale e corretto tutto ciò che è conforme alla legge (non si considera però il fatto che spesso tutto ciò che è considerato legale non è morale).

3. Le *imprese responsabili*, poste al terzo livello, sono maggiormente orientate a seguire un percorso virtuoso ed etico, se ciò le condurrà a maggiori quote di mercato e a un aumento del fatturato. In

ogni caso, pur cercando di raggiungere un equilibrio tra condotta etica verso il cliente e profitto e pur ispirandosi a valori quali la competitività di lungo periodo (35), l'interesse economico dell'azienda rappresenta l'obiettivo primario.

4. Nello stadio successivo, l'*impresa etica emergente* opera costantemente per garantire il continuo bilanciamento tra etica e profitto, al fine di raggiungere progressivamente la perfetta integrazione dell'etica nella gestione aziendale, attraverso l'adozione di codici e regolamenti etici interni, programmi di formazione e comitati etici (35).

5. Infine, la perfetta integrazione dell'etica nella gestione aziendale è la caratteristica principale dell'*azienda etica per eccellenza*. In altre parole, un'azienda è perfettamente etica se, a prescindere da quale sia il suo mercato di riferimento:

«Identifica con chiarezza quali sono i valori che la contraddistinguono [...] per promuovere gli stessi sia con la forza lavoro che con il mercato, e dove i valori condivisi diventano il vero motore dell'azienda [...], superiori alle gerarchie, al potere dei manager, alle temporanee difficoltà di mercato» (36).

Come sottolineato dagli studiosi, questa progressiva evoluzione verso l'apice (*sviluppo morale dell'impresa*) spiega come l'azienda, nel perseguimento della propria missione aziendale, sia fortemente orientata al raggiungimento contestuale degli obiettivi economici e sociali. In base a questa prospettiva, è fondamentale attribuire un ruolo determinante alla cultura organizzativa, nel definire sia il livello che il grado di moralità delle decisioni ed attività aziendali. Tuttavia, ciò non significa che tutte le aziende intraprenderanno lo stesso percorso per diventare aziende etiche. Osservando la realtà e la pratica aziendale, emerge come continuino a prevalere quelle tipologie di aziende orientate a raggiungere l'obiettivo del profitto (ovviamente nel rispetto di vincoli e limiti stabiliti dalla legge e dal contesto istituzionale, economico e sociale). Infatti, sono state mosse alcune critiche al modello proposto, a causa dell'eccessiva rigidità attraverso cui è stata effettuata la classificazione. Essa non terrebbe conto delle motivazioni per cui un'impresa dovrebbe decidere di operare nel mercato, adottando elevati standard etici e morali (35), magari a discapito di un più elevato profitto e a favore della concorrenza.

Bibliografia

1. Comite U. (2010), Responsabilità sociale e gestione etica dell'impresa tra profitto e primato della persona umana, E-Theologos, Vol. 1, No. 1.

2. Rusconi G. (2007), Etica, responsabilità sociale d'impresa e coinvolgimento degli stakeholder, Impresa Progetto, n. 1.

3. Dau M. (2014), Il tradimento dei manager, Castelvecchi Ed.

4. McDonald G. (2015), *Business Ethics: a contemporary approach*, Cambridge University Press.

5. Capotosti R. (2013), Etica e responsabilità per il governo delle imprese. Praeter legem: la legge pone obblighi minimali oltre i quali c'è l'etica, Giappichelli Ed., Torino.

6. Sims R.R. (2017), *A Contemporary Look at Business Ethics*, Information Age Publishing.

7. Sciarelli S. (2007), Etica e responsabilità sociale nell'impresa, Giuffrè Ed.

8. Brioschi E.T. (2003), Etica e deontologia nella comunicazione d'azienda, Vita e Pensiero.

9. Santosuosso P. (2012), Valori etici nell'economia aziendale, Giappichelli Ed.

10. Pollifroni M. (2010), *Green public accounting*. Profili di rendicontazione ambientale per un'azienda pubblica responsabile e sostenibile, Giappichelli Ed.

11. Daft R.L. (2004), Organizzazione aziendale, Apogeo Education.

12. DesJardins J.R. (2008), *An introduction to Business Ethics*, McGraw-Hill Higher Education.

13. Duska R. (2000), *Business Ethics: Oxymoron or Good Business?* Business Ethics Quarterly.

14. Passeri R., Mazzi C. (2013), Etica nell'impresa e negli affari, F. Angeli.

15. Drucker P.F. con Maciarello J. (2013), Un anno con Drucker. L'action book del padre del management. Un'idea al giorno, Rizzoli Etas.

16. Laasch O., Conaway R.N. (2013), *Principles of Responsible Management: Global Sustainability, Responsibility and Ethics*, Cengage Learning.

17. Sims R.R. (2003), *Ethics and Corporate Social Responsibility: Why Giants Fall*, Praeger Publishers.

18. Byars S.M., Stanberry K. (2018), *Business Ethics*, OpenStax.

19. Ferrell O.C., Fraedrich J., Ferrell L. (2008), *Business Ethics. Ethical decision making and cases*, Cengage Learning.

20. Raimondo C. (2014), Lean Innovation in Sanità. Principi, teorie e casi studio, CreateSpace Independent Publishing.

21. Klimsza L. (2014), *Business Ethics. Introduction to the Ethics of Values*, bookboon.com.

22. Ciappei C., Ninci D. (2004), Etica di impresa. Considerazioni teoriche ed evidenze cliniche, Firenze University Press.

23. De George R.T. (2012), *A history of Business Ethics*, Santa Clara University, Markkula Center for Applied Ethics.

24. La Torre M.A. (2009), Questioni di etica d'impresa. Oltre l'*homo oeconomicus*, Giuffrè Ed.

25. Albuquerque D. (2010), *Business Ethics: principles and practices*, Oxford University Press.

26. Crane A., Matten D. (2010), *Business Ethics. Managing corporate citizenship and sustainability in the age of globalization*, Oxford University Press.

27. Zimmerli W.C., Richter K., Holzinger M. (2007), *Corporate Ethics and Corporate Governance*, Springer.

28. Carroll A.B. (1978), *Linking business ethics to behavior in organizations*, Advanced Management Journal.

29. Solomon R.C. (1997), It's Good Business: Ethics and Free Enterprise for the New Millenium, Rowman & Littlefield Publishers.

30. Carr A.Z. (1968), *Is business bluffing ethical?* Harvard Business Review.

31. Heath J. (2004), *A Market Failures Approach to Business Ethics*.

32. Friedman M. (1970), *The Social Responsibility of Business is to Increase its Profits*, New York Times Magazine.

33. Ciulla J.B. (2004), *Ethics and Leadership Effectiveness* in Antonakis J., Cianciolo A.T. & Sternberg R.J., (Eds.), The nature of leadership, Sage Publications.

34. Reidenbach R.E., Robin D.P. (1991), *A conceptual model of corporate model*, Journal of Business Ethics, n. 10.

35. Farinet A. (2015), *Socialing*. Un nuovo equilibrio tra consumatori, imprese e mercati, F. Angeli Ed.

36. Ruggeri A.P. (2015), L'etica dell'eccellenza. I valori che determinano il tuo successo, PMI Best Practice.

3. RESPONSABILITÀ SOCIALE E VALORI ETICI NELL'IMPRESA

Sommario: 3.1 Evoluzione del concetto di RSI. – 3.2 Relazione tra Responsabilità Sociale e Responsabilità Etica – 3.3 Il modello Q-RES. – *Bibliografia.*

Henry Ford
L'industria ha per scopo l'utilità generale.
Essa costituisce una professione e
occorre che si comporti in base a una
morale professionale riconosciuta.

3.1 Evoluzione del concetto di RSI

Negli ultimi anni il tema della Responsabilità Sociale d'Impresa è stato oggetto di un crescente interesse sia da parte degli studiosi che di un numero sempre maggiore di imprese. In particolare, l'attenzione si è concentrata su un nuovo modello integrato di gestione aziendale in grado di rispondere più efficacemente alle aspettative degli interlocutori interni ed esterni all'impresa stessa. Questa esigenza è nata dalla consapevolezza che la finalità dell'impresa, intesa come una realtà economica e sociale complessa, aperta a una serie di soggetti con i quali sussistono forti legami e rapporti d'interdipendenza, non sia più solo quella riconducibile alla creazione di ricchezza e al soddisfacimento di interessi esclusivamente economici, a favore della sola impresa e degli azionisti. Piuttosto, appare evidente come la sua finalità sia molto più ampia e comprenda l'integrazione dell'impresa nella comunità e nel territorio di riferimento, al fine di contribuire alla creazione di valore, in termini di sviluppo economico, sociale, culturale e ambientale, favorendo contestualmente un grado più elevato di convergenza degli interessi dell'impresa con quelli delle altre categorie di stakeholder.

In questo contesto, la responsabilità sociale delle imprese implica che l'impresa non può operare come una realtà separata all'interno della società, col solo fine del perseguimento del profitto e nel solo rispetto di norme giuridiche e principi di *razionalità tecnica, economica e organizzativa*. Essa deve operare come una *componente integrata nella società*, attraverso l'interiorizzazione di principi sociali, volti al miglioramento del benessere e della qualità della vita. Nell'ambito del processo decisionale aziendale deve cioè tenere conto sia del rispetto di regole che di comportamenti corretti e virtuosi (1). Di conseguenza le imprese sono maggiormente orientate a determinare e valutare l'impatto, gli effetti e le conseguenze delle proprie azioni e decisioni sull'ambiente interno ed esterno dell'organizzazione.

Una prima definizione di responsabilità sociale o *Corporate Social Responsibility* è stata elaborata nel 1953 da Bowen (2). Essa viene definita come:

«Il dovere, da parte degli uomini d'affari, di perseguire quelle politiche, di prendere quelle decisioni, di seguire quelle linee di azione che sono desiderabili, in funzione degli obiettivi e dei valori riconosciuti dalla società. Questa definizione non implica che l'uomo d'affari, come membro della società, manchi del diritto di criticare i valori accettati nella società e lavorare per il loro miglioramento. In realtà, alla luce del loro grande potere e influenza, potrebbero avere anche l'obbligo di farlo. Si presume tuttavia che, in quanto soggetti al servizio della società, non debbano ignorare i valori socialmente accettati o collocare i propri valori al di sopra di quelli della società» (p. 6).

L'autore sottolinea come, nel processo di assunzione delle decisioni, sia fondamentale considerare non solo i risultati economici conseguiti, ma soprattutto le conseguenze di natura sociale, dal momento che tali decisioni (in particolar modo quelle prese dalle aziende di maggiori dimensioni) inevitabilmente condizionano la vita della società da molti punti di vista. Il dibattito sulla RSI ha continuato a svilupparsi e ad acquisire un'importanza sempre più rilevante negli anni successivi, fino a diventare centrale negli studi economici e aziendali. Il dibattito si è concentrato nel considerare la RSI un vero e proprio modello gestionale, frutto della convergenza di approcci diversi e che interagisce con tutti gli ambiti del governo e della gestione aziendale (1). Infatti, il termine *responsabilità sociale* fa riferimento al dovere dell'impresa di considerare gli effetti di tutte le decisioni aziendali, massimizzando gli impatti positivi e minimizzando gli impatti negativi sull'ambiente esterno.

Interessanti a questo proposito sono i lavori di Garriga, Melè (3) e Sacco, Viviani (4) che, attraverso l'analisi metodica e puntuale di una serie di contributi, forniscono un quadro esaustivo sull'evoluzione del concetto di Responsabilità Sociale. Illustrano teorie, approcci e risultati emersi nella letteratura che si possono fondamentalmente raggruppare attorno a quattro posizioni.

Anni '60. La prima posizione afferisce alle c.d. *teorie strumentali* ed è riconducibile a coloro i quali ritengono che:

- la società rappresenta semplicemente uno strumento per la creazione di ricchezza;
- l'unica responsabilità sociale (intesa solo come *uno strumento strategico per raggiungere gli obiettivi economici*) riguarda in maniera esclusiva l'aspetto economico delle interazioni tra azienda e società, per il conseguimento del maggior profitto. Ogni altra attività di natura sociale è ritenuta accettabile solo se contribuisce alla creazione di ricchezza.

Nell'ambito di questa posizione emerge il pensiero di Friedman con il suo ben noto contributo del 1970 *The Social Responsibility of Business is to Increase its Profits* (5). Egli afferma che i dirigenti aziendali perseguono come obiettivo principale la massimizzazione del profitto, nell'interesse dell'impresa e nel rispetto della legge. Inoltre, con riferimento all'interesse e al benessere della società, essi non sono obbligati a considerare gli aspetti etici e morali delle proprie azioni e ribadisce che, in una società libera, l'unica responsabilità sociale riconosciuta alle imprese è quella diretta a:

«Utilizzare le sue risorse e impegnarsi in attività progettate, per aumentare i suoi profitti, nel rispetto delle regole del gioco, vale a dire, impegnandosi nella libera concorrenza, senza inganno o frode» (p. 6).

In altre parole, questa prospettiva (nella quale prevale la dimensione economica della RSI e riconducibile alla teoria neo-classica) fornisce un'interpretazione della responsabilità come funzione sociale dell'impresa in chiave utilitarista e avente come unico obiettivo il perseguimento del profitto e la massimizzazione del valore per gli azionisti. D'altro canto, tale teoria non esclude a priori che i comportamenti e le decisioni assunte dall'organizzazione dipendano fortemente dagli incentivi provenienti dai mercati principali di riferimento (beni, lavoro, capitale) con i quali l'impresa interagisce costantemente.

Anni '70. Un secondo filone di ricerca e studio ha contribuito a sviluppare le c.d. *teorie politiche del gruppo* riconducibili alla prospettiva neo-contrattualista (6). Esso si concentra sul complesso rapporto intercorrente tra la società e l'impresa. Quest'ultima, da un lato, è in un certo senso obbligata indirettamente ad accettare i doveri e diritti sociali derivanti da questa relazione; dall'altro è chiamata a partecipare attivamente a determinate forme di cooperazione sociale. Sacconi (2004) propone la definizione seguente di RSI:

«È un modello di *governance* allargata d'impresa, in base al quale chi governa l'impresa ha responsabilità che si estendono dall'osservanza di doveri fiduciari nei riguardi della proprietà ad analoghi doveri fiduciari nei riguardi in generale di tutti gli stakeholder [p. 5]. Essa estende il concetto di dovere fiduciario da una prospettiva mono-stakeholder (in cui l'unico stakeholder rilevante ai fini dell'identificazione dei doveri fiduciari è il proprietario dell'impresa stessa) a una prospettiva multi-stakeholder, in cui sussistono doveri fiduciari nei confronti di tutti gli stakeholder dell'impresa (proprietà inclusa). È ovvio che la classificazione degli stakeholder, in base alla natura della loro relazione con l'impresa, debba essere ritenuta rilevante per graduare tali doveri fiduciari ulteriori» (p. 7).

Secondo gli autori che sostengono tale posizione sussisterebbe una sorta di contratto sociale implicito ed equo tra l'impresa e la società:

- da un lato, l'impresa deve dimostrare la sua capacità di rispondere alle pressioni sociali;
- dall'altro, agisce e opera attraverso la cooperazione di tutti gli agenti coinvolti, ricorrendo a ulteriori forme di regolazione sociale, come i codici di comportamento, codici etici e bilanci sociali.

Questi strumenti operativi forniscono le basi per costruire e rafforzare rapporti fiduciari e di collaborazione con gli stakeholder e il contesto sociale e culturale di riferimento. In questo contesto Sacco (2006) afferma che:

«I manager dell'impresa devono rispettare una procedura decisionale gerarchica in cui esistono due tipi di clausole fiduciarie: una clausola fiduciaria allargata, cioè il vincolo di dovere fiduciario nei confronti di tutti gli stakeholder; e una clausola fiduciaria speciale verso la proprietà che li ha delegati» (p. 17), (4).

In ogni caso è l'impresa a decidere i contenuti e i limiti di tale collaborazione. Stabilisce quale tipo di comportamento adottare e come veicolare le proprie risorse strategiche, per supportare lo sviluppo sociale ed economico della comunità in cui l'impresa medesima opera. A tale proposito, nel 1971 il CED (*Committee for Economic Development*) ha pubblicato un documento nel quale sostiene l'idea che le funzioni e il ruolo dell'impresa nei confronti della società devono essere molto più ampi. In altre parole, l'impresa deve contribuire sia alla crescita economica (attraverso la fornitura di beni e servizi, posti di lavoro), sia all'aumento della qualità della vita dei propri dipendenti e della collettività in generale. La responsabilità sociale viene descritta attraverso tre cerchi concentrici riconducibili a tre aree d'intervento in cui si esercita la responsabilità stessa (Fig. 3.1) (7), (8): 1. economica; 2. valori sociali; 3. problemi sociali.

Fig. 3.1 – Il modello dei tre cerchi concentrici

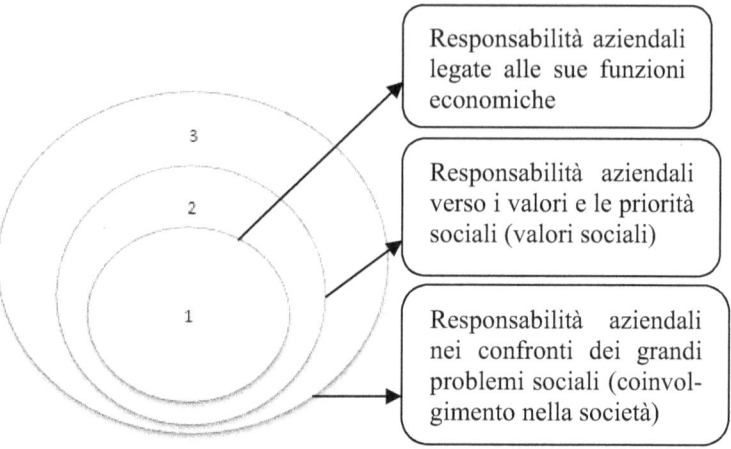

Fonte: adattamento da CED (1971) e Nigro e al. (2016), *op. cit.*

Come si legge nel documento a pag. 15:

1. il circolo interno comprende le responsabilità c.d. di base o primarie, dirette a realizzare efficientemente la funzione economica: fornire prodotti e servizi, garantire posti di lavoro e crescita economica.

2. Il circolo intermedio comprende la responsabilità di esercitare questa funzione economica tenendo conto dei valori e delle priorità sociali: rispetto dell'ambiente; miglioramento dei rapporti con i dipendenti; fornire maggiori informazioni ai clienti soddisfacendo le loro aspettative; garantire ai propri dipendenti un trattamento equo e protezione da infortuni.

3. Il cerchio esterno si riferisce alle c.d. "responsabilità emergenti"; ovvero le imprese devono intervenire più attivamente nel processo di miglioramento e sviluppo dell'ambiente sociale (ridurre la povertà, il degrado urbano e sociale).

Questo documento individua delle linee guida chiare ed essenziali su come l'azienda dovrebbe agire e adattarsi ai cambiamenti sociali, dal momento che essa opera come *un'istituzione permanente nella società*.

Anni '80. Al contrario, la prospettiva successiva, nata negli anni '80, comprende le *teorie integrative*. Essa analizza le modalità attraverso cui l'impresa decide di integrare le esigenze e le richieste sociali nei processi e nella gestione aziendale, obbligandola a operare nel rispetto e in conformità ai valori sociali, dal momento che l'esistenza, la sopravvivenza, la crescita e la continuità dell'azienda dipendono dalla società in cui essa è inserita. Quindi, la responsabilità sociale dell'impresa si allarga ulteriormente: le proprie scelte gestionali devono tener conto anche di fattori che possono condizionare l'efficienza e le prestazioni aziendali, come la tutela e il rispetto per l'ambiente, la sicurezza e la salute dei lavoratori e dei consumatori, facendo emergere l'importanza e la necessità di adottare comportamenti etici e moralmente corretti verso la società di riferimento. Carroll, in un suo noto contributo (1999), ha affermato quanto segue:

«Dal mio punto di vista, la CSR implica la conduzione di un'impresa in modo che sia economicamente redditizia, rispettosa della legge, etica e socialmente favorevole. Essere socialmente responsabili [...] significa quindi che la redditività e l'obbedienza alla legge sono le condizioni principali per discutere dell'etica dell'azienda e della misura in cui sostiene la società in cui esiste, con contributi di denaro, tempo e talento. Pertanto, la CSR è composta da quattro parti: economica, legale, etica e volontaria o filantropica» (p. 286), (9).

Anni '90. Quest'ultimo aspetto viene ulteriormente sviluppato in maniera singolare nell'ultima prospettiva (*teorie etiche*), nella quale prevale una visione della Responsabilità Sociale che obbliga l'impresa a concentrarsi sull'insieme dei valori etici e morali, diretti a favorire la costruzione di un forte rapporto fiduciario con la società nel lungo termine. Le imprese sono orientate alla creazione di ricchezza per realizzare il bene comune e contribuire al benessere sociale, fornendo beni e servizi in modo efficiente ed equo, nel rispetto dell'individuo e dell'ambiente circostante, sempre in un'ottica di lungo periodo e con un'attenzione particolare alle generazioni presenti e future.

Dall'analisi dei contributi precedenti emerge quindi un concetto ampio di responsabilità sociale in capo all'azienda che, secondo Carroll, può contribuire a creare un reale e concreto vantaggio competitivo all'azienda stessa. Questa definizione ampia di responsabilità comprende in primo luogo le dimensioni seguenti:

1. economica;
2. sociale;
3. etica.

Essa può essere agevolmente rappresentata attraverso una piramide elaborata nel 1991 dall'autore citato (Fig. 3.2) (10).

Fig. 3.2 – Le dimensioni della Responsabilità Sociale

Responsabilità Filantropica

Essere un buon cittadino aziendale.

Donare risorse alla comunità per migliorare la qualità della vita

Responsabilità Etica

Essere etici.

Impegnarsi a fare ciò che è giusto, imparziale ed equo ed evitare di arrecare danno

Responsabilità legale

Rispettare la legge.

La legge è la codificazione di ciò che è giusto e sbagliato. Giocare secondo le regole

Responsabilità Economica

Essere profittevoli.

Il fondamento su cui si basano tutte le altre responsabilità

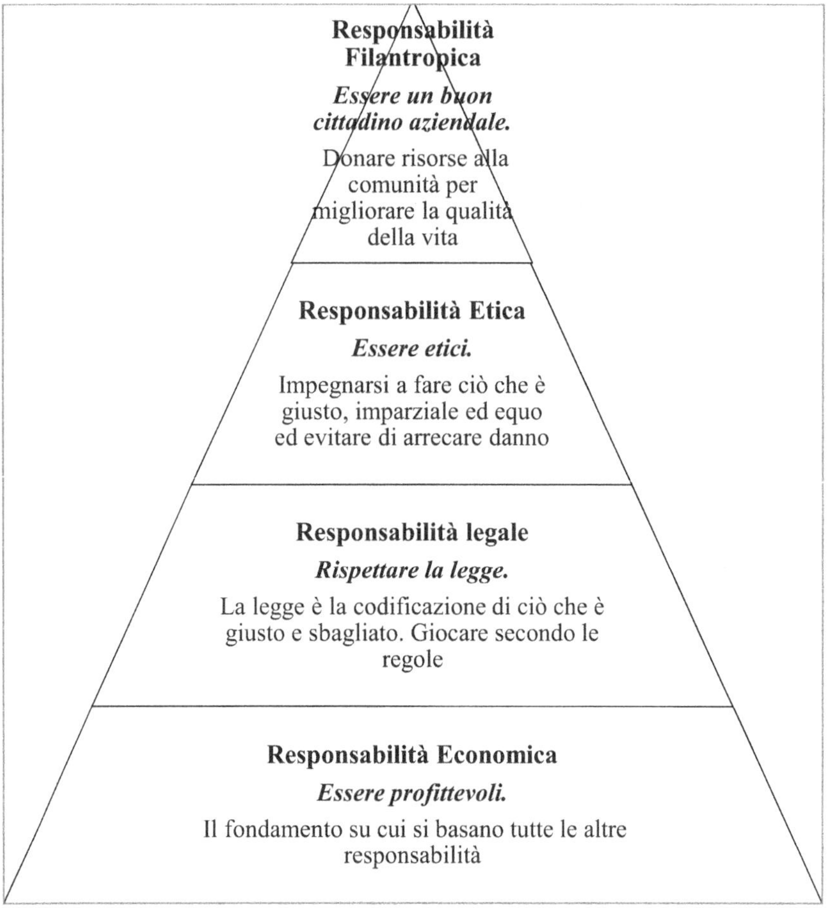

Fonte: Carroll (1991), *op. cit.*

68

Secondo la teoria di Carroll, la rappresentazione contribuisce a concretizzare una visione globale e complessiva di responsabilità relativa alla capacità dell'impresa di garantire contestualmente:

a. il perseguimento del profitto;
b. il rispetto della legge;
c. un comportamento eticamente corretto nei confronti delle diverse categorie di stakeholder;
d. la disponibilità ad adottare un approccio strategico alla solidarietà o filantropia aziendale.

Quest'ultimo obiettivo può essere conseguito sia attraverso donazioni volontarie, sottoforma di contributi finanziari (finalizzati allo sviluppo della comunità), sia tramite contributi non finanziari diretti alla valorizzazione delle competenze del proprio personale, a beneficio della qualità del rapporto con i propri clienti e fornitori.

Ad ogni modo, dagli elementi analizzati emerge quanto sia forte il legame tra azienda, ambiente di riferimento e norme sociali che contribuiscono a definire e rafforzare il ruolo dell'azienda stessa e a condizionare le sue decisioni e attività.

3.2 Relazione tra Responsabilità Sociale e Responsabilità Etica

Giunti a questo punto dell'analisi, occorre soffermarsi sulle questioni relative alla distinzione e all'imprescindibile legame esistente tra RSI ed etica aziendale. Infatti, nonostante presentino dei contenuti essenzialmente diversi, è evidente come in realtà essi siano complementari. In particolare, com'è stato appurato in precedenza, la responsabilità sociale riguarda:

1. gli obblighi sociali dell'impresa assunti verso una vasta categoria di interlocutori sociali (l'impresa ricopre un ruolo sociale poiché persegue anche finalità e funzioni non economiche, oltre che finalità relative alla tutela dei legittimi interessi dei suoi azionisti);
2. gli effetti e le conseguenze delle decisioni aziendali sulla società.

Pertanto, dalle analisi precedenti emerge come essa possa essere definita come un approccio integrato di gestione che stabilisce comportamenti responsabili all'interno di un'azienda, i suoi obiettivi, i valori, le competenze e gli interessi delle parti coinvolte.

L'etica fa invece riferimento all'individuazione e trasmissione di specifici principi, valori morali e regole di comportamento corretto dei singoli individui, all'interno della struttura organizzativa. Tali principi, valori e regole guidano il comportamento nel mondo degli affari. Essi sono ritenuti accettabili dalle varie categorie di soggetti con i quali l'impresa si confronta costantemente (clienti, fornitori, associazioni, Pubblica Amministrazione, società in generale), per conseguire i propri obiettivi di mercato, coniugando tali valori con quelli economici, sociali e ambientali (11).

Daft (2004) fornisce una chiara distinzione tra i due termini, pur affermando la loro correlazione intrinseca:

1. L'*etica manageriale* consiste in principi che guidano le decisioni e i comportamenti dei manager (*comportamento individuale*) in merito al fatto se essi siano giusti o sbagliati sotto l'aspetto morale;
2. la *responsabilità sociale* rappresenta un'estensione dell'etica manageriale e si riferisce al dovere da parte del management di fare scelte e intraprendere iniziative che facciano sì che l'organizzazione (*comportamento aziendale*) contribuisca al benessere e all'interesse della società così come dell'organizzazione stessa (p. 342), (12).

Nel caso dell'etica, quindi, ciò che è rilevante è l'insieme dei valori e dei principi riconducibili ai singoli individui che operano all'interno dell'impresa e che contribuiscono a delineare i comportamenti aziendali, soprattutto verso gli interlocutori esterni. Da ciò si deduce che nella pratica aziendale l'impresa ha il dovere di dimostrare costantemente comportamenti etici e responsabili, se intende garantire la sua sopravvivenza e continuità nel lungo termine. Essa, infatti, rappresenta *un campo relazionale* che non si limita a produrre beni e servizi per il mercato, ma è costantemente orientata a costruire e mantenere nel tempo «relazioni di convivenza che si manifestano al suo interno e in rapporto all'ambiente» (13).

Il fatto che la responsabilità aziendale (in termini di comportamento responsabile dell'impresa verso gli stakeholder) derivi sostanzialmente dal fondamento individuale, sottostante la *Business Ethics* o etica aziendale (frutto dell'interazione dei singoli individui, portatori di specifici valori e principi) (14), implica che essa debba essere necessariamente integrata nel processo di formulazione delle strategie aziendali.

Negli ultimi anni, invero, molte aziende si sono orientate verso l'adozione di approcci che prevedono questo tipo d'integrazione, attraverso l'inclusione di tre dimensioni particolari, riconducibili alla responsabilità aziendale:

1. buona *governance*;
2. responsabilità sociale;
3. responsabilità ambientale.

In un simile contesto la Responsabilità Sociale è orientata a sviluppare una serie di relazioni interne ed esterne, secondo logiche collaborative fondate sul dialogo continuo e permanente tra le parti. Essa supera il mero aspetto economico, riguardante il perseguimento del profitto ad ogni costo, implementando un *framework* di riferimento di norme etiche che disciplina le modalità attraverso cui l'azienda persegue i propri profitti (15). Più difficile è dimostrare se, nella realtà e nella pratica aziendale quotidiana, questa presa di coscienza responsabile da parte delle imprese sia realmente dettata da una convinzione forte, maturata progressivamente per la realizzazione e soddisfazione delle aspettative di tutti gli stakeholder; oppure se l'interesse verso l'ambiente esterno e la comunità di riferimento è solo apparente, perché lo richiede la legge o perché dettato da una mera convenienza economica, al solo fine di conseguire maggiori profitti. Non è un caso che la maggior parte delle aziende rimaste coinvolte in scandali finanziari ed economici, sia a livello nazionale che internazionale, disponeva di codici etici e standard di comportamento ineccepibili. In questo senso appare emblematico e significativo il caso Enron che, nei diversi report sociali ed etici annuali, evidenziava:

a. da un lato, la visione e i valori principali dell'azienda (integrità, rispetto reciproco ed eccellenza);
b. dall'altro, gli sforzi compiuti nelle diverse aree della RSI, sforzi per i quali ha ricevuto numerosi premi come l'*Award* per

71

l'Eccellenza nella *Corporate Governance* (attenzione continua all'impatto sociale e ambientale delle decisioni assunte, rafforzamento del codice etico aziendale, costituzione di una *task force* per la Responsabilità Sociale Aziendale, linee guida per garantire la sicurezza e i diritti dei vari interlocutori).

Eppure gli strumenti introdotti e integrati gradualmente nella gestione e strategia aziendale (e solo apparentemente applicati nella pratica) non sono stati sufficienti a impedire lo scandalo che ha coinvolto il management della società (falsificazione dei bilanci, frode finanziaria per oltre un miliardo di dollari, sovrastima del numero dei dipendenti di oltre 13.000 e pagamento degli stipendi a favore dei dipendenti fantasma da parte dei fondatori dell'azienda, falsificazione delle fatture) (15). Tuttavia, lo scoppio di questi deprecabili scandali ha suggerito agli studiosi la necessità e il tentativo di ripensare il legame tra responsabilità sociale ed etica, attraverso la proposta di modelli comportamentali innovativi, al fine di migliorare la qualità delle prestazioni etico-sociali dell'impresa.

3.3 Il modello Q-RES

Un modello che senza dubbio rappresenta un interessante punto di riferimento è il Progetto Q-RES, proposto nel 1999 da Lorenzo Sacconi, Simone de Colle ed Emma Baldin e successivamente sviluppato dal gruppo di lavoro Q-RES del Cele (*Centre of Ethics Law & Economics)* dell'Università Cattaneo LIUC di Castellanza, in collaborazione con imprese, associazioni e società di consulenza (Autostrade per l'Italia, Avanzi Sri Research, Barilla, Coop Adriatica, Coop Consumatori Nordest, Enel, Lindt, Unicredit, Unipol) (16).

Il progetto nasce dall'esigenza di far fronte a una serie di problematiche originate da una diffusa preoccupazione sociale e riguardanti fenomeni di ampia portata, quali la corruzione aziendale, le condizioni di lavoro, i rapporti e i doveri verso dipendenti, fornitori e consumatori, la protezione ambientale, la concorrenza, la trasparenza delle informazioni.

Il tentativo principale è quello di promuovere una maggiore consapevolezza della necessità e dell'utilità dell'etica nell'impresa nei soggetti che hanno responsabilità di gestione e di conduzione aziendale. L'obiettivo è di rafforzare l'immagine, la reputazione e l'affidabilità, attraverso la proposta e la definizione puntuale di concetti, strumenti e azioni da intraprendere concretamente, relativi alla responsabilità aziendale, etica e sociale. L'insieme di queste attività è stato definito come un *processo volontario di autoregolamentazione* che può far conseguire più agevolmente un vantaggio competitivo.

Un esempio significativo, riportato nel documento in questione, è rappresentato dal caso "Coop Bank". Essa, attraverso l'adozione di un programma di etica d'impresa che prevedeva l'assunzione di decisioni e comportamenti eticamente e socialmente responsabili, è stata in grado di misurare e quantificare il vantaggio competitivo (in termini di guadagno netto) in circa 50 miliardi di vecchie lire, considerando sia i costi (*investimenti nella comunità, business non realizzato per rispetto di criteri etici, costi di rendicontazione etico-sociale*) che i ricavi (*nuovi clienti guadagnati grazie alla reputazione*).

In particolare, si parte dal presupposto che soprattutto la reputazione (*essere pubblicamente riconosciuti come impresa socialmente ed eticamente responsabile, impegnata al rispetto dei diritti umani e attenta alla gestione ambientale*) rappresenti la risorsa intangibile più importante per la crescita e il successo dell'impresa e che le consente di operare in un clima di fiducia con i suoi stakeholder interni ed esterni. A una prima analisi, la finalità primaria e la missione del progetto risultano essere alquanto ambiziose, dal momento che, per una efficace realizzazione e implementazione, si richiede una partecipazione diffusa e una visione condivisa di valori, da parte di tutti i membri dell'organizzazione, in merito alla natura dei nuovi rapporti economici, sociali ed etici da instaurare con le varie categorie di interlocutori e la società in generale. Il modello di gestione individuato è compatibile con l'idea di contratto sociale con gli stakeholder e, infatti, la sua finalità è quella di:

«Promuovere una visione dell'impresa basata sul contratto sociale con gli stakeholder, attraverso la definizione di un nuovo standard di qualità, certificabile a livello internazionale, della responsabilità etico-sociale d'impresa, che ne tuteli la reputazione e l'affidabilità» (p. 4).

Il contratto sociale, alla cui base stanno i principi di equità e giustizia, rappresenta un mezzo che contribuisce a disciplinare i complessi rapporti e le transazioni con gli stakeholder, al fine di ridurre eventuali conflitti, impedire eventuali comportamenti opportunistici e garantire il bilanciamento dei diversi legittimi interessi in gioco. In particolare, le priorità definite dal contratto medesimo sono le seguenti:
1. gli interessi di tutti devono essere presi in considerazione;
2. tutti devono essere informati e non ingannati;
3. nessuno deve aver subito o subire forza o costrizione;
4. l'accordo deve essere raggiunto volontariamente mediante l'esercizio della razionalità.

Per conseguire la missione e gli obiettivi previsti, il progetto Q-RES individua sei strumenti che, per essere efficaci nella pratica aziendale, devono essere considerati e implementati contestualmente, secondo un approccio integrato (Fig. 3.3).

Fig. 3.3 – Gli strumenti del progetto Q-RES

Fonte: adattamento da Sacconi et al. (2001), *op. cit.*

La fase preparatoria comprende la visione etica, la predisposizione del codice e la formazione etica; la fase di esecuzione riguarda, invece, gli strumenti di attuazione e controllo, la rendicontazione etico-sociale e la verifica esterna.

1. La *visione etica d'impresa* rappresenta il primo elemento strategico previsto, al fine di bilanciare in maniera equa la missione e i valori culturali dell'organizzazione. Essa viene definita come:

«l'idea di giustizia, propria di una particolare impresa, da cui deriva il criterio di valutazione e bilanciamento delle pretese degli stakeholder e in base alla quale si decidono i comportamenti responsabili che l'impresa deve tenere nei loro confronti» (p. 9).

2. Il *codice etico* (come strumento di autoregolamentazione e parte integrante del sistema di *governance* e della strategia generale) esplicita la visione etica d'impresa e le responsabilità che sono proprie di un'organizzazione. Definisce i principi etici, le norme di comportamento, l'elenco degli stakeholder e i doveri verso di essi (clienti, dipendenti, fornitori, autorità fiscali, concorrenti, comunità circostante, rappresentanti politici).

L'obiettivo è di rendere trasparente l'attività aziendale, coinvolgendo tutta l'organizzazione a perseguire e mantenere gli obiettivi previsti e individuando le informazioni, per ogni categoria di stakeholder, che «costituiscono la base per l'elaborazione di procedure e standard di comportamento», relativi ai temi descritti nella tabella seguente (Tab. 3.1).

Tab. 3.1 – Contenuto e obiettivi del codice etico

Collaboratori	- Selezione e avanzamento - Trasparenza nel rapporto di lavoro - Organizzazione del lavoro - Aggiornamento e formazione - Partecipazione alle decisioni - Tutela e rispetto delle persone - Protezione della privatezza, dall'indigenza economica e dalle molestie - Conflitti d'interesse e Pari opportunità - Diversità e tutela delle minoranze - Proprietà intellettuale - Salute e sicurezza - Regali - Uso delle risorse aziendali
Clienti/Consumatori	- Correttezza e completezza nella formulazione dei contratti - Adeguamento ai bisogni del cliente/consumatore - Correttezza nella gestione e riformulazione dei contratti - Controllo della qualità - Conflitti d'interesse, imparzialità e riservatezza - Regali e benefici
Fornitori/Partner	- Correttezza e completezza dell'informazione - Correttezza nella riformulazione dei contratti - Diligenza nell'esecuzione dei contratti - Conflitti d'interesse - Imparzialità e riservatezza - Regali e benefici
Azionisti/Proprietà/Soci	- Fiducia, correttezza e buona fede - Conflitti d'interesse - Uso improprio di opportunità societarie
Concorrenti	- Tutela della riconoscibilità dei marchi - Collaboratori - Pratiche contro i comportamenti distorsivi e predatori - Pratiche anti collusione in materia di trust
Ambiente naturale	- Attività di tutela dell'ambiente - Impatto ambientale - Scelta del luogo e modalità di produzione

Stato/Istituzioni	- Rapporti con organismi di controllo e regolamentazione - Obblighi fiscali, rapporti con enti pubblici - Lobbismo, norme anti corruzione
Comunità	- *Corporate citizenship* - Investimenti nella comunità - Coinvolgimento degli stakeholder - Rapporti con fondazioni e associazioni culturali - Impatto sociale, rapporti con i mezzi d'informazione

Fonte: Sacconi e al. (2001), *op. cit.*

3. La *formazione etica* rappresenta la fase più rilevante e nello stesso tempo più critica e complessa del processo, perché:

a. coinvolge tutti i membri dell'organizzazione (manager e collaboratori);

b. riguarda le azioni e decisioni da assumere sia individualmente che a livello aziendale;

c. deve essere in grado di creare condivisione «attorno ai valori e ai principi del codice etico»;

d. deve individuare sia i contenuti (concettuali, filosofici, economici, giuridici, organizzativi) che gli strumenti idonei di responsabilità etico-sociale (missione, valori e visione etica; Codice Etico, rendicontazione), diretti ad analizzare e risolvere problemi e dilemmi etici a livello organizzativo.

e. i formatori etici devono necessariamente possedere delle conoscenze interdisciplinari nelle materie economiche e sociali.

Al fine di definire i contenuti delle attività formative, il modello Q-RES fa riferimento a diverse discipline quali:

• la *business ethics*, utile per «apprendere le regole del ragionamento morale, il modello del contratto sociale dell'impresa, la natura e gli scopi del codice etico»;

• il diritto, la sociologia e l'economia delle organizzazioni «per poter individuare le fonti dei dilemmi etici ed in particolare i comportamenti opportunistici nelle organizzazioni gerarchiche; per conoscere la strutturazione e la funzione degli organi di controllo, i sistemi interni per creare incentivi al comportamento etico, i meccanismi di premi/sanzioni, la natura e funzione degli incentivi esterni, le basi della cultura d'impresa e degli effetti di reputazione» (p. 31).

4. I *sistemi organizzativi di attuazione e controllo* consentono di individuare le strutture operative di supporto (come ad esempio il Comitato Etico). Queste ultime sono orientate a controllare la coerenza tra i risultati raggiunti e la visione etica ovvero la conformità e il rispetto delle procedure e dei comportamenti «alle regole e ai meccanismi di attuazione della responsabilità etico-sociale d'impresa, attraverso l'allineamento delle strategie, delle politiche e degli obiettivi aziendali con i valori e i principi etici condivisi» (p. 34).

5. Lo strumento successivo, rappresentato dalla *rendicontazione sociale*, viene utilizzato per raccogliere, organizzare, misurare, valutare e comunicare i dati relativi al grado di soddisfazione o insoddisfazione per ogni categoria di stakeholder, la coerenza fra i risultati conseguiti e gli obiettivi organizzativi derivanti dalla missione, dai valori e dal codice etico. Determinante è il ruolo svolto dal gruppo di lavoro incaricato di tali attività e costituito dai seguenti soggetti:

a. responsabile principale o coordinatore (che può essere rappresentato da un *ethics officer*, un funzionario preposto alla Responsabilità Sociale, interno all'azienda o un consulente esterno, qualora non si disponesse delle competenze necessarie);

b. rappresentanti afferenti alle diverse aree aziendali (Direzione, Amministrazione, Commerciale, Personale, Finanza e Controllo, Legale, Marketing e Comunicazione).

6. Infine, la sesta funzione riguarda la *verifica e l'accertamento* della conformità degli strumenti di responsabilità etico-sociale ai criteri di eccellenza stabiliti dal modello Q-RES, da parte di un Ente esterno accreditato o non accreditato. Nel caso in cui il soggetto verificatore sia un ente accreditato è possibile il rilascio di un marchio di conformità al modello (marchio Q-RES).

Gli strumenti previsti dal progetto, a cui corrispondono le fasi rappresentate dal grafico seguente, devono essere implementati in maniera integrata e secondo una successione logica temporale.

Fig. 3.4 – Le fasi del modello Q-RES

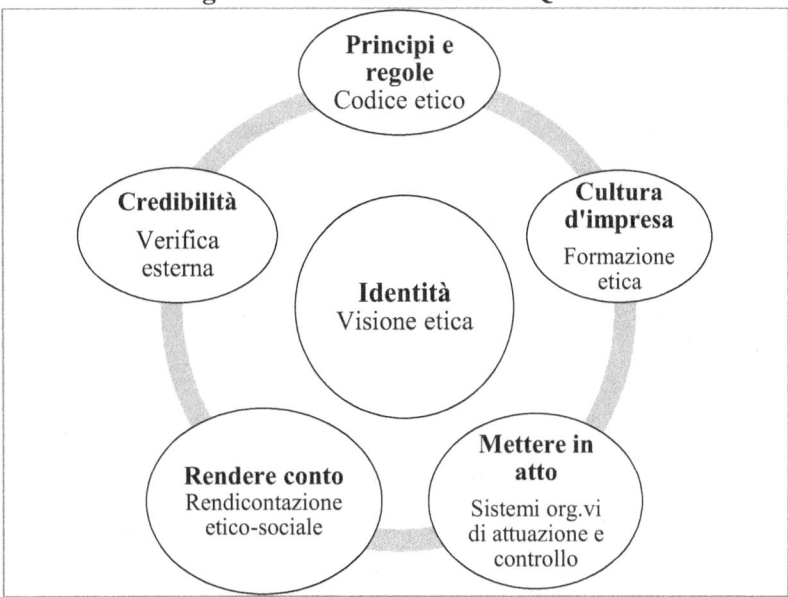

Fonte: adattamento da Sacconi e al. (2001), *op. cit.*

Concludendo, se si procede a un'analisi più profonda e a distanza di diversi anni dalla presentazione e pubblicazione del progetto, non si può fare a meno di notare che, in realtà, gli eventi hanno purtroppo sconfessato le aspettative nutrite e sperate per la realizzazione del modello che, almeno teoricamente, appare come uno dei più efficaci approcci presenti nella vasta letteratura in proposito, a disposizione delle imprese virtuose. Infatti, come vedremo nel quinto capitolo (Tab. 5.1), diverse aziende partecipanti attive nel progetto e che si sono dotate di codici etici, nel corso degli ultimi anni, sono state protagoniste di clamorosi e colossali scandali a danno di centinaia di migliaia di cittadini e consumatori.

Bibliografia

1. Perrini F. (2006), Responsabilità sociale d'impresa in Zattoni A., *Corporate Governance*, Egea-Università Bocconi Ed., Il Sole 24 Ore.

2. Bowen H.R. (2013), *Social Responsibilities of the Businessman*, University of Iowa Press.

3. Garriga E., Melè D. (2004), *Corporate Social Responsibility Theories: Mapping the Territory*, Journal of Business Ethics, 53:51-71, Kluwer Academic Publishers.

4. Sacco P.L., Viviani M. (2006), La responsabilità sociale d'impresa. Prospettive teoriche nel dibattito italiano.

5. Friedman M. (1970), *The Social Responsibility of Business is to Increase its Profits*, The New York Time Magazine.

6. Sacconi L. (2004), Responsabilità sociale come *governance* allargata d'impresa: un'interpretazione basata sulla teoria del contratto sociale e della reputazione, Liuc Papers n. 143, Serie Etica, Diritto ed Economia 11 (suppl. febbraio).

7. CED (*Committe for Economic Development*) (1971), *Social Responsibilities of Business Corporations*.

8. Nigro C., Petracca M. (2016), La *Corporate Social Responsibility*: dalle origini all'approccio neo-istituzionalista, Giappichelli Ed.

9. Carroll A.B. (1999), *Corporate Social Responsibility. Evolution of a Definitional Construct,* Business & Society, Vol. 38, n. 3, pp. 268-295, Sage Publications Inc.

10. Carroll A.B. (1991), *The Pyramid of Corporate Social Responsibility: Toward the Moral Management of Organizational Stakeholders*, Business Horizons, vol. 34, issue 4, pp. 39-48.

11. Arezzo C., D'Amico R., Randone S. (2008), Responsabilità sociale oltre l'impresa, F. Angeli Ed.

12. Daft R.L. (2004), Organizzazione aziendale, Apogeo Education.

13. Caselli L. et al. (2007), Lo sviluppo integrale delle aziende, Giuffrè Ed.

14. Bhanu Murthy K.V. (2007), *Business ethics and corporate responsibility: a new perspective*, MPRA Paper n. 2634.

15. Goel M., Ramanathan P.E. (2014), *Business Ethics and Corporate Social Responsibility. Is there a Dividing Line*? Procedia Economics and Finance, vol. 11, pp. 49-59.

16. Sacconi L., De Colle S., Baldin E. (2001), Progetto Q-RES: la qualità della responsabilità etico-sociale d'impresa. Linee guida per il management, CELE-*Centre for Ethics, Law & Economics,* Liuc Papers n. 95, Serie Etica, Diritto ed Economia 5 (suppl. ottobre).

4. TOXIC LEADERSHIP.
EFFETTI SU INDIVIDUI E ORGANIZZAZIONI

Sommario: 4.1 I *toxic leader*. Considerazioni iniziali. – 4.2 Dai manager/leader morali a quelli immorali. – 4.3 Caratteristiche e conseguenze della leadership non etica. 4.4 Il triangolo tossico. – *Bibliografia*.

> Lord Acton
> *Il potere tende a corrompere e il potere*
> *assoluto corrompe in modo assoluto.*
> *Gli uomini di potere sono quasi*
> *sempre malvagi*

4.1 I *toxic leader*. Considerazioni iniziali

Da un'analisi approfondita della letteratura emerge un'elevata variabilità circa i termini utilizzati per definire e qualificare i c.d. manager e leader non etici: cattivi, tossici, distruttivi, narcisisti, negativi, amorali, immorali. Le loro azioni e decisioni producono, infatti, effetti negativi di lungo termine, sia sui singoli individui che sull'organizzazione e la società in genere (Tab. 4.1).

Tab. 4.1 – Aggettivi utilizzati per definire i manager/leader/boss potenzialmente pericolosi

Cattivo	Kelleman, 2004	Sutton, 2010	Napier 2013	Besong, 2017	Gill, 2011	Wilson, 2017
Tossico	Ortega, 2017	Dobbs, 2013	Reed, 2015	Padilla, 2007	Lipman-Blumen, 2006	Gold-man, 2009
Distruttivo	Goldman, 2009	Ksir, 2004	Karges, 2010	Hall, 1984	Padilla, 2018	Nyberg, 2016
Narcisista	Walter, 1985	Macoby, 2007	Yang, 2009	Funham, 2012	Rubistein, 2017	Bobby, 2019
Negativo	Sharma, 2004	Walters, 2010	Biron, 2012	Oberlan-der, 2013	Watola, 2016	Patel, 2017
Amorale	Bartol, 1994	Cook, 1997	Weiss, 2003	Carroll, 2003, 2011	Freeman, 2010	Peter-son, 2016
Immorale	Sikula, 1989	Bartol, 1994	Daft, 1999	Mesick, 2004	Zerbe, 2008	Sumi, 2016

Fonte: elaborazione dell'autore.

I contesti in cui può svilupparsi questo fenomeno sono diversi: pubblico/privato, aziendale, politico, sanitario, economico-finanziario, militare, religioso. Le azioni e decisioni assunte da tali soggetti possono invece comprendere un'ampia gamma di meccanismi perversi e pratiche illegali (quali la corruzione, il sabotaggio, la condotta non etica, comportamenti criminali), da cui scaturiscono eventi lesivi, con conseguenze enormi per l'organizzazione (1).

Tutti gli autori che si sono occupati dell'argomento sono concordi nel ritenere che, a prescindere da come sia definito in termini negativi lo stile di management e di leadership, esso rappresenti un approccio che danneggia le persone, l'azienda, i rapporti con i diversi interlocutori, in quanto vengono messi in moto meccanismi e comportamenti che inibiscono la creatività, l'autonomia, l'innovazione, i processi collaborativi. In queste tipologie di ambienti la leadership è utilizzata come mezzo di controllo autoritario sulle persone che saranno premiate ed eventualmente promosse a ruoli superiori se concorderanno con le decisioni assunte dal capo; saranno emarginate o addirittura punite se dimostreranno di possedere senso critico e costruttivo, esprimendo una posizione differente (2). Nello specifico, uno dei riferimenti principali riguardo la *toxic leadership* è il contributo di Lipman-Blumel (3). In esso sono state identificate le principali caratteristiche dei comportamenti distruttivi dei leader, ovvero:

1. lasciare i loro seguaci (e i non seguaci) in una situazione peggiore rispetto a quella iniziale, spesso attraverso l'umiliazione, l'emarginazione, la demoralizzazione, l'intimidazione, il terrore e la tortura psicologica, giungendo nei casi più estremi alla eliminazione fisica delle persone, compresi i membri del proprio entourage, così come i loro avversari ufficiali;

2. violare gli standard di base dei diritti umani dei propri sostenitori, nonché quelli di altre persone e gruppi;

3. convincere i propri collaboratori di essere l'unico in grado di salvare l'organizzazione;

4. fare leva sui timori e le paure delle persone;

5. soffocare le critiche costruttive e, attraverso le minacce e l'autoritarismo, inculcare nei sostenitori il rispetto, piuttosto che consentire di mettere in discussione il giudizio e le azioni del leader;

6. sovvertire le strutture e i processi organizzativi, sacrificando la verità, la giustizia e l'eccellenza, attraverso atti non etici, illegali e criminali;

7. non riuscire a formare altri leader, compresi i loro successori (con l'eccezione occasionale di parenti di sangue), perché impropriamente aggrappati al potere;

8. trattare bene i propri seguaci, incitandoli a odiare e/o distruggere gli altri;

9. individuare i capri espiatori su cui far eventualmente ricadere le proprie colpe incitando gli altri a infliggere punizioni;

10. ignorare o promuovere l'incompetenza, il clientelismo e la corruzione.

Non meno importanti sono le qualità personali che contribuiscono ad alimentare la *tossicità* dei comportamenti del leader che agisce spinto da un profondo intento malvagio e da cui scaturiscono cinismo, avidità, corruttibilità, immoralità, stupidità, narcisismo, paranoia, grandiosità. Come fanno notare gli autori, tra le qualità elencate spiccano in particolare alcune caratteristiche personali, definite *disfunzionali*, che qualificano il *leader tossico* in maniera inequivocabile ed evidenziate nella tabella seguente:

Tab. 4.2 – Le caratteristiche "disfunzionali" del leader tossico

1) **Mancanza d'integrità:** qualifica il leader come cinico, corrotto, ipocrita o inaffidabile
2) **Ambizione smisurata**: spinge i leader a collocare la propria forza, gloria e fortuna al di sopra del benessere dei propri seguaci
3) **Ego smisurato**: acceca i leader circa le carenze del proprio carattere e quindi limita la loro capacità di miglioramento
4) **Arroganza:** impedisce di riconoscere i propri errori, imputando le loro colpe ad altri
5) **Amoralità:** impedisce loro di discernere il bene dal male

Fonte: elaborazione dell'autore dai vari contributi citati.

Mehta (2014), a questo proposito, ha fornito una definizione operativa di leadership tossica, descritta come: «una serie di comportamenti e atti intenzionali e deliberati da parte di un leader che interrompono l'effettivo funzionamento dell'organizzazione, manovrando, ingannando, intimidendo e umiliando gli altri con l'obiettivo di guadagni personali» (p. 20), (4).

Dall'analisi di queste caratteristiche emerge una personalità narcisistica che produce un'influenza negativa sulle persone e sull'intera organizzazione. Questa personalità è indifferente al benessere altrui a causa della totale mancanza di empatia nei riguardi delle persone e dell'organizzazione. Inoltre è contraddistinta da visioni grandiose, arroganza, egoismo, preoccupazione di soddisfare bisogni e interessi personali ed egocentrici di potere e ammirazione, come afferma Reed nel suo contributo (2014), richiamando la definizione fornita da *U.S. Army* (in *Army Doctrinal Publication*, 6-22, *Army Leadership*):

«La leadership tossica è una combinazione di atteggiamenti, motivazioni e comportamenti egocentrici che hanno effetti negativi sui subordinati, sull'organizzazione e sulle performance della missione. Questo leader non manifesta preoccupazione per gli altri e per il clima dell'organizzazione, il che porta a risultati brevi e a effetti negativi a lungo termine. Il leader tossico opera con un esagerato senso di autostima e di acuto interesse personale. I leader tossici usano costantemente comportamenti disfunzionali per ingannare, intimidire, costringere o ingiustamente punire gli altri, per ottenere ciò che vogliono per sé stessi [...]. L'uso prolungato della leadership negativa, usata per influenzare i *follower*, mina la volontà, l'iniziativa e il potenziale dei *follower* stessi e distrugge il morale dell'unità» (p. 4), (5).

Goldman (2009), a sua volta, definisce la leadership tossica come la tendenza a mettere in atto «azioni di supervisione distruttive, inquietanti e disfunzionali che si diffondono tra i membri della forza lavoro» (6). Per l'autore il problema principale è tuttavia costituito dal fatto che questi cattivi comportamenti finiscono per contagiare parte dell'organizzazione. Come esempio, egli descrive il cambiamento graduale del clima organizzativo avvenuto in una divisione di lavoro, sulla base dei rapporti inviati dal CEO di una società. Dal rapporto emerge come almeno una dozzina di ingegneri nella divisione di J. (capo divisione) sembrino inconsapevolmente seguire l'esempio e il cattivo comportamento del loro capo:

«S'interrompono a vicenda, sono impazienti, si agitano come matti, sembrano arrampicarsi sui muri, perché non sono in grado di concentrarsi adeguatamente su progetti in sospeso. In un primo momento J. e successivamente gli ingegneri della sua divisione hanno cominciato a comportarsi poco professionalmente, trasformandosi sempre più in colleghi aggressivi, distratti, privi di decoro pubblico. Seguendo le indicazioni del loro leader, il comportamento disfunzionale di un singolo ingegnere si è trasformato in un fenomeno tossico a livello di divisione, che ha colpito sia i clienti interni che quelli esterni» (p. 29).

Questo esempio può essere facilmente declinato in ogni contesto, sia esso pubblico o privato, politico, economico, religioso.

Da queste prime considerazioni, in merito alle caratteristiche del leader tossico (espresse in termini di qualità caratteriali e comportamentali negative), emerge la necessità di soffermarsi sui principali modelli manageriali e di leadership sviluppati nel corso degli anni, al fine di esaminarne criticamente gli elementi e le impostazioni sottostanti a essi.

4.2 Dai manager/leader morali a quelli immorali

Dal momento che il leader esercita spesso funzioni di manager e viceversa, nel prosieguo del lavoro si farà riferimento a entrambe le figure indifferentemente per descrivere le caratteristiche e i comportamenti morali/immorali nei processi decisionali e nella conduzione dell'attività aziendale.

Significativo è il noto contributo di Carroll (1985), nel quale l'autore affronta la questione relativa al grado di moralità del manager/leader, attraverso l'osservazione, l'analisi e la valutazione dei comportamenti messi in atto nel processo decisionale (7). La finalità del lavoro è di dimostrare la difficoltà a trovare manager in grado di agire moralmente e assumersi pertanto la responsabilità morale delle loro decisioni e della loro condotta. Dopo questa puntualizzazione, individua tre modelli o archetipi di manager (Fig. 4.1):

1) immorale;
2) amorale;
3) morale.

Fig. 4.1 – Le tipologie di Management/Leadership

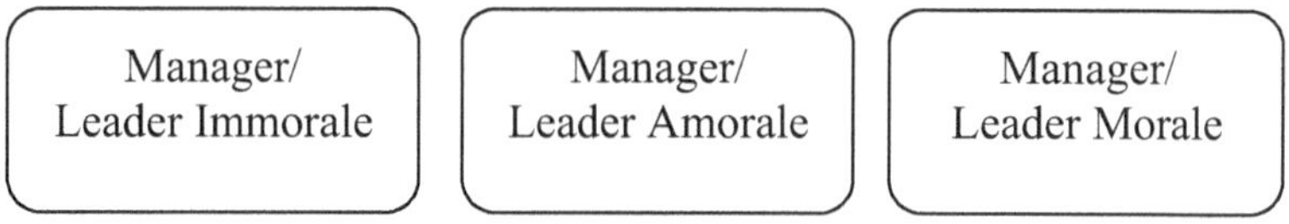

Manager/ Leader Immorale	Manager/ Leader Amorale	Manager/ Leader Morale

Fonte: adattamento da Carroll (1985), *op. cit.*

1. Il **manager immorale** viene definito come colui che egoisticamente persegue in maniera esclusiva il successo e il profitto nel proprio interesse e della propria organizzazione a qualsiasi costo. Assume le proprie decisioni al di là della legge e dei principi etico-morali comunemente accettati. Gli standard legali sono di conseguenza considerati ostacoli e barriere da eludere. Le strategie devono essere invece orientate a ottenere maggiori guadagni personali o dell'organizzazione, anche attraverso lo sfruttamento delle persone, non preoccupandosi della loro legittima pretesa a essere trattate in maniera equa e giusta. Il manager immorale è indifferente a qualsiasi tipo di formazione etica elargita nell'impresa. Pur essendo consapevole della differenza tra ciò che è giusto e ciò che è sbagliato, decide coscientemente di agire contrariamente alle regole etiche e, se è possibile, anche alle norme di legge. In altre parole, i manager immorali sono considerati dei *cattivi ragazzi* che hanno una perfetta cognizione delle conseguenze delle proprie azioni e decisioni intraprese.

2. Il **manager amorale** è invece colui il quale agisce senza considerare la dimensione etica sia nel processo decisionale che nella pratica organizzativa. In linea di massima, il management e la leadership amorale non hanno il senso dell'etica: ossia sono privi di ogni etica e considerazione morale. Sperimentando molteplici situazioni e comportamenti, l'autore è giunto alla conclusione che esistano essenzialmente due forme di amoralità, contraddistinte da una sottile differenza, seppur significativa:

a) *intenzionale*; b) *non intenzionale/inconsapevole*.

a) Il *manager amorale intenzionale* rispetta la legge, ma considera l'etica avulsa dall'economia (etica ed economia sono due concetti inconciliabili). Questo perché le sue azioni, decisioni e l'intera l'attività aziendale non possono e non devono essere condizionate da considerazioni di natura etica e morale:

«Questi leader non sono né morali né immorali; pensano semplicemente che diverse regole del gioco si applichino negli affari e negli altri ambiti della vita quotidiana [...]; l'etica non trova spazio nel pensiero aziendale e organizzativo, nella politica, nelle decisioni o nelle pratiche» (p. 3), (8).

Carr (1968) ritiene che per molti manager *bluffare* negli affari è una condizione del tutto normale. Così come bluffare nel poker non sarebbe immorale, perché è solo una parte del gioco, allo stesso modo per il manager intenzionalmente amorale l'inganno negli affari non è immorale, è solo una parte del gioco. In entrambe le situazioni, a lungo termine, il vincitore è colui che si dimostra abile nel gioco, conosce le regole, percepisce la psicologia degli altri giocatori, ha una elevata capacità di autocontrollo e disciplina, rispondendo in maniera efficace e rapida alle opportunità offerte dal caso (9). Questa tipologia di manager conosce l'importanza della dimensione etica e la maggior parte di essi (nella loro vita privata) non è indifferente all'etica. D'altro canto essi agiscono nella convinzione che l'etica non possa essere applicata agli affari: «nella loro vita in ufficio cessano di essere cittadini privati; diventano giocatori che devono essere guidati da un insieme di standard etici un po' diversi».

b) Il *manager amorale non intenzionale o inconsapevole* è totalmente privo di sensibilità etica e la conformità alla legge è minima, ammesso che sappia della sua esistenza. La mancanza di percezione e consapevolezza etica (il fatto, cioè, di non saper discernere e cogliere la distinzione tra bene e male, tra giusto e sbagliato) lo rende indifferente, impassibile e disattento alle conseguenze delle proprie azioni e agli eventuali danni provocati ad altri soggetti. Egli può avere delle buone intenzioni ma è insensibile o inconsapevole del fatto che le sue azioni e decisioni possano danneggiare e ferire altre persone o influire negativamente su di esse (8). E se ciò dovesse avvenire, non si rammaricherebbe, non proverebbe rimorso, né si riterrebbe colpevole dei danni cagionati. Dal suo distorto e perverso punto di vista agisce o crede di agire per una giusta causa.

Secondo Carroll, infatti, questi soggetti:

- possono essere così eticamente inconsapevoli, tanto da non aver mai realmente pensato alla domanda se l'etica si applichi o meno al loro lavoro;
- sono ben intenzionati e probabilmente pensano a sé stessi come persone etiche, ma in realtà sono ben lontani dal modello di *Moral Manager*.

3. Il **manager morale**, al contrario, agisce conformemente a elevati standard di comportamento etico e morale, sia personali che organizzativi. Persegue il successo personale, dell'organizzazione e il profitto, ma solo nel rispetto della legge e di sani principi etici. Ha la forza e l'abitudine di affrontare situazioni critiche e difficili (*dilemmi etici*) in maniera proattiva, tenendo conto delle aspettative e degli interessi di tutti gli stakeholder coinvolti. S'impegna con tenacia per progettare e realizzare una strategia fondata sulla probità e integrità morale. L'etica è considerata come il fattore principale di successo dell'impresa e la c.d. *strategia dell'integrità e della morale* permea l'intera organizzazione, dai processi di progettazione dei sistemi organizzativi fino a quelli decisionali.

4.3 Caratteristiche e conseguenze della leadership non etica

Lo studio dei comportamenti non etici di leader e manager rappresenta un importante strumento per approfondire le gravi conseguenze prodotte, sia sul piano individuale che su quello degli assetti organizzativi e sociali. Infatti, è stata dimostrata una correlazione negativa particolarmente robusta tra leadership non etica e risultati conseguiti, soprattutto in termini di:
- comportamenti negativi e controproducenti;
- diminuzione del benessere e della qualità delle prestazioni individuali;
- diminuzione delle performance aziendali ed economiche (10).

Inoltre, è noto come eventuali atti distruttivi siano più frequenti in contesti in cui:
a. da un lato, i leader manifestano smanie di potere, narcisismo e forte autoritarismo, comportamenti arroganti e violenti;
b. dall'altro, le frodi e le tangenti si susseguono nella routine quotidiana e la corruzione dei funzionari è diffusa a tutti i livelli aziendali (11).

Alcuni autori, con riferimento alla leadership non etica, parlano di *devianza* sul posto di lavoro. Essa viene in particolare associata a una serie di comportamenti volontari che violano norme organizzative importanti (prescritte da politiche, regole e procedure organizzative formali e informali), minacciando il benessere dell'organizzazione e dei suoi membri (12). In tal senso i comportamenti non etici sono collegati ad atti distruttivi e dannosi e quindi riconducibili ad azioni illegali e moralmente inappropriate. In genere, queste azioni sono incoraggiate, direttamente e indirettamente, da leader, manager e funzionari pubblici, per raggiungere gli obiettivi organizzativi. Sono previste anche delle ricompense per coloro i quali sono disposti a ricorrere a questo tipo di comportamento moralmente discutibile, favorendo la presenza di individui con atteggiamenti e mentalità simili, in grado di aggravare il comportamento non etico all'interno delle organizzazioni (13).

D'altro canto è stato dimostrato ampiamente che una leadership non etica impedisce il buon funzionamento e la redditività delle organizzazioni, poiché molto spesso i soggetti che ricoprono ruoli di elevata responsabilità tendono ad amplificare eccessivamente l'importanza degli obiettivi da conseguire, giustificando eventuali comportamenti corrotti che favoriscono la deviazione dai requisiti e principi morali, per il raggiungimento di tali obiettivi.

In secondo luogo, gli stessi studi hanno rilevato che i leader non etici, per il ruolo che ricoprono, ritengono di essere più giustificati di altri a impegnarsi in comportamenti moralmente devianti e discutibili, da un punto di vista etico, al fine di raggiungere gli obiettivi del proprio gruppo, a cui attribuiscono un maggior valore ed importanza rispetto agli obiettivi perseguiti da altri (14). I leader agiscono sfruttando il proprio ruolo sociale e influenzando negativamente i propri collaboratori, guidati per lo più dal desiderio di soddisfare interessi e desideri personali attraverso l'uso egocentrico del potere, esercitato in maniera illegittima e indiscriminata (15).

A tal proposito è interessante l'analisi che viene offerta da Padilla (2007) in merito alle caratteristiche della leadership non etica distruttiva. Nello specifico, l'autore individua cinque elementi che contribuiscono a definire questo tipo di leadership: risultati, effetti, orientamento, conseguenze e soggetti responsabili (Tab. 4.3) (16).

Tab. 4.3 – Gli elementi principali della Leadership distruttiva

1) Risultati	La leadership distruttiva di rado è assolutamente o interamente distruttiva: nella maggior parte dei casi la leadership porta a risultati desiderabili e indesiderabili. I leader, di concerto con i seguaci e con il contesto organizzativo, contribuiscono al raggiungimento di risultati distribuiti attraverso un continuum distruttivo-costruttivo.
2) Effetti	Il processo di leadership distruttiva implica dominanza, coercizione e manipolazione piuttosto che influenza, persuasione e impegno.
3) Orientamento	Il processo di leadership distruttiva ha un orientamento egoistico; si concentra sui bisogni del leader piuttosto che su quelli dell'organizzazione e degli individui coinvolti, impedendo di sviluppare e potenziare il loro coinvolgimento nel processo decisionale.
4) Conseguenze	Le conseguenze e gli effetti di una leadership distruttiva sono talmente rovinosi da compromettere sia la qualità della vita dei lavoratori, incapaci di opporsi a tali comportamenti, che la *mission* e gli obiettivi principali dell'organizzazione.
5) Soggetti responsabili	I risultati organizzativi distruttivi non dipendono solo dal comportamento non etico di leader distruttivi, ma anche da tutti coloro che a vario titolo hanno contribuito al risultato (collaboratori e contesto ambientale propizio).

Fonte: adattamento da Padilla et al. (2007), *op. cit.*

È palese il fatto che comportamenti simili provochino elevati costi organizzativi, umani e finanziari. Infatti, essi si riflettono negativamente non solo sul piano economico, ma impattano sulla condotta organizzativa con conseguenze disastrose, soprattutto nel lungo periodo (basso morale, mancanza di motivazione, diminuzione della produttività e della qualità delle prestazioni). La presenza di una leadership tossica può minare nel lungo periodo le fondamenta stesse dell'azienda e la sua cultura organizzativa, essendo responsabile, secondo diversi studi:

1. della riduzione del 48% della produttività lavorativa;

2. del 38% della qualità del lavoro;
3. e, addirittura, della diminuzione del fatturato del 73% (17).

Come sottolineano Singh et al. (2008), questi leader sono delle figure altamente carismatiche, la cui tossicità emerge gradualmente nel tempo in tutta la loro potenza distruttiva. Inoltre, alcuni sembrano essere inconsapevoli dell'impatto negativo che provocano su coloro che li circondano. Altri sembrano invece trarre soddisfazione dal fatto di essere gli artefici del caos e dei conflitti creati intorno a loro, soprattutto quando sono in grado di influenzare e indurre altri soggetti a partecipare, a conformarsi e a mettere in atto azioni non etiche e controproducenti.

4.4 Il triangolo tossico

Gli elementi descritti in precedenza contribuiscono alla definizione di un modello particolarmente adatto a rappresentare la leadership non etica o distruttiva e dalla quale in sostanza dipendono i risultati e le performance organizzative negative. Il modello, definito "triangolo tossico", è stato costruito abilmente dagli autori in questione, tenendo conto di tre domini:
1. leader distruttivi;
2. seguaci sensibili;
3. ambiente favorevole.

Ognuno di questi domini è condizionato da una serie di elementi correlati, come si evince nel dettaglio dalla figura seguente (Fig. 4.2).

Fig. 4.2 – Il triangolo tossico

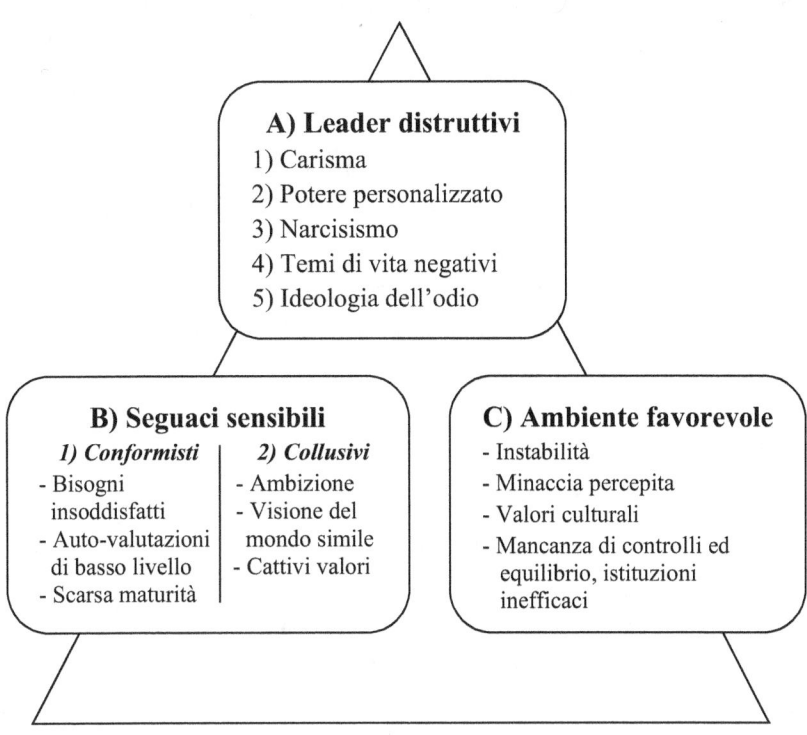

Fonte: adattamento da Padilla et al. (2007), *op. cit.*

In altre parole, le performance negative non sono da attribuire esclusivamente a comportamenti disfunzionali da parte del leader, ma sono altresì riconducibili ad altri importanti fattori contestuali, ovvero:

B1) collaboratori (*conformisti*) che sono propensi a conformarsi alle decisioni del leader per vari motivi (insoddisfazione sul posto di lavoro, bassa autostima e scarsa maturità, evitare rappresaglie, debolezza caratteriale, ecc.);

B2) collaboratori senza scrupoli (*collusivi*) che, al contrario, sposano le pratiche immorali e i cattivi valori del loro leader (potere, denaro, ambizione e successo ad ogni costo) e con lui condividono la stessa visione della realtà (la corruzione e la frode sono accettate ed esercitate su larga scala per raggiungere i propri obiettivi);

C) l'ambiente con cui interagiscono che è particolarmente favorevole a questo genere di comportamenti, pratiche, attività non etiche e illegali.

Ogni settore, purtroppo, è caratterizzato da un certo livello di corruzione: si pensi ai numerosi casi di corruzione dilagante nelle istituzioni pubbliche, alla collusione tra pubblico e privato, come nel caso dei concorsi truccati, i concorsi pilotati nelle università, gli appalti truccati e lo scandalo delle tangenti.

Dalle analisi precedenti emerge chiaramente che la condotta etica/non etica è il risultato di una serie di fattori diversi e interagenti, quali:

- le disposizioni personali;
- il carattere;
- i valori individuali;
- il contesto nel cui ambito essi si materializzano e che in vario grado influiscono sulla consapevolezza delle conseguenze gravi che possono scaturire da scelte sbagliate.

Infatti, ciò che accomuna il leader non etico e il leader etico è che entrambi sono consapevoli degli effetti negativi/positivi delle loro azioni e decisioni sul prossimo. Tuttavia:

1. il primo sceglie ugualmente di proseguire la strada intrapresa, nonostante le conseguenze negative che possono derivare dalle sue scelte;

2. il secondo fonda la sua azione sui principi dell'onestà, della rettitudine, del rispetto e della responsabilità, principi a cui ispirarsi nella pratica aziendale e nelle quotidiane attività lavorative (fare la cosa giusta). Il leader etico sarà quindi maggiormente attento a sostenere e tutelare gli interessi e il valore di ciascun individuo e della propria organizzazione, avendo come obiettivo primario la continuità aziendale e la crescita profittevole (Tab. 4.4).

Tab. 4.4 – Le caratteristiche del leader non etico ed etico

LEADER NON ETICO	LEADER ETICO
Mostra arroganza	È umile
Promuove l'interesse personale	Si preoccupa delle cose importanti
Pratica l'inganno	È onesto
Viola gli accordi	Adempie gli impegni
Tratta le persone ingiustamente	S'impegna per garantire l'equità
Fa ricadere la colpa su altri	Si assume la responsabilità
Svilisce la dignità altrui	Ha rispetto per gli altri
Prova invidia	Celebra la fortuna degli altri
Trascura lo sviluppo dei lavoratori	Incoraggia lo sviluppo dei lavoratori
Con le proprie azioni e decisioni mette a rischio sé stesso e la propria organizzazione.	Rimprovera gli atti ingiusti
Prova rancore	Perdona
Non si adopera per aiutare gli altri	È disponibile con gli altri

Fonte: adattamento da Zeuderer (1992, 1994) (19), *op. cit.*

L'integrità morale, l'onesta di cuore e di coscienza rappresentano le caratteristiche più importanti del leader etico, poiché si riflettono inevitabilmente sui comportamenti esteriori. Per questo motivo non devono essere principi astratti a cui ispirarsi solo teoricamente, ma devono diventare uno stile di vita. Ciò che siamo realmente, infatti, si riflette in quello che facciamo e pensiamo quando nessuno può vedere e ascoltare. Purtroppo i cattivi propositi spesso sono mascherati da buone intenzioni e azioni di bontà d'animo, ma in realtà sono diretti a perseguire scopi ambigui che nascono da un cuore e da una mente corrotta, producendo nel tempo effetti devastanti a ogni livello.

Per esempio, è normale che un giudice corrotto indaghi su reati di corruzione? O che un'autorità, sia essa politica, religiosa o di altra natura, pontifichi di onestà, moralità e trasparenza e poi, nell'esercizio pratico della sua attività, senza alcuno scrupolo o ripensamento scende a compromessi inaccettabili o si rende protagonista di atti riprovevoli, non connessi alla carica ricoperta?

La mancanza d'integrità nel leader è molto frequente e questo può condizionare persino le modalità di reclutamento in azienda, assumendo individui che si adattano agevolmente ai valori esistenti e prevalenti nell'organizzazione. In altre parole, da un lato, persone con alti standard morali solitamente aspirano a lavorare in organizzazioni che godono di una reputazione eccellente e non ambigua (20); dall'altro persone senza scrupoli, disposte a scendere a compromessi, pur di conseguire interessi personali, non avrebbero alcun problema a sposare comportamenti corrotti e immorali da parte di leader e manager, deviando dal solco della giustizia, della correttezza e del rispetto altrui.

Bibliografia

1. Heppell T. (2011), *Toxic leadership: Applying the Lipman-Blumen model to political leadership*, Representation, Vol. n. 47, No. 3, pp. 241-249.

2. Wilson-Starks K.Y. (2003), *Toxic Leadership*, Transleadership, Inc.

3. Lipman-Blumen J. (2005), *The allure of toxic leaders*, Oxford University Press.

4. Mehta S., Maheshwari G.C. (2014), *Toxic Leadership: tracing the destructive trail*, International Journal of Management, Vol. 5, Issue 10 (October).

5. Reed G. (2014), *Toxic Leadership, Unit Climate and Organizational Effectiveness*, Air and Space Power Journal (August).

6. Goldman A. (2009), *Destructive Leaders and Dysfunctional Organizations. A therapeutic approach*, Cambridge University Press.

7. Carroll A.B. (1987), *In search of the moral manager*, Business Horizons (March-April).

8. Carroll A.B. (2003), *Ethical Leadership: From Moral Manager to Moral Leader* in *Rights, Relationships & Responsibilities: Business Ethics and Social Impact Management*, Vol. 1, Ferrell O.C., True S.L., Pelton L.E. (eds.), pp. 7-17.

9. Carr A.Z. (1968), *Is business bluffing*, Harvard Business Review (January).

10. Schyns B., Schilling J. (2013), *How bad are the effects of bad leaders. A meta-analysis of destructive leadership and its outcomes*, The Leadership Quarterly 24(1):138-158 (February).

11. Mumford M.D., Boatman J., Hunter S.T., Bedell-Avers K.E. (2007), *The sources of leader violence. A comparison of ideological and non-ideological leaders*, The Leadership Quarterly 18(3):217-235 (June).

12. Robinson S.L., Bennet R.J. (1995), *A Typology of Deviant Workplace Behaviors: A Multidimensional Scaling Study*, The Academy of Management Journal, Vol. 38, No. 2 (April).

13. Sims R.R. (2007), A *Contemporary Look at Business Ethics,* Information Age Publishing.

14. Hoyt C., Price T.L., Poatsy L. (2013), *The Social Role Theory of Unethical Leadership*, The Leadership Quarterly 24, no. 5 (October).

15. Galinsky A.D., Jordan J., Sivanathan N. (2008), *Harnessing power to capture leadership* in Hoyt C., Goethals A., Forsyth D. (Eds.), *Leadership at the Crossroads*, Vol. 1: Leadership and Psychology (pp. 283-299), Westport, CT, London: Praeger/Greenwood Publishing Group.

16. Padilla A., Hogan R., Robert B., Kaiser R.B. (2007), *The toxic triangle: Destructive leaders, susceptible followers and conducive environments*, Elsevier, The Leadership Quarterly 18.

17. Singh N., Sengupta S., Dev S. (2018), *Toxic Leadership: The Most Menacing Form of Leadership*, Intech Open.

18. Zauderer D.G. (1992), *Integrity, an essential executive quality*, Business Forum.

19. Zauderer D.G. (1994), *Winning with integrity*, The Public Manager-The New Bereaucrat.

20. Mihelič K.K., Lipičnik B., Tekavčič M. (2010), *Ethical Leadership*, International Journal of Management & Information Systems-Fourth Quarter, Vol. 14, n. 5.

5. IL RUOLO DELLA LEADERSHIP ETICA NELLE ORGANIZZAZIONI

Richard L. Daft
*Se le persone non sentono parlare di valori etici,
si convincono che essi non sono importanti
nell'organizzazione.*

5.1 Introduzione

Questo tema molto delicato ci introduce al più ampio dibattito sulla leadership etica la cui caratteristica principale, secondo la letteratura prevalente, è rappresentata dal valore dell'integrità. Non ci sono dubbi che i leader ricoprano un ruolo determinante all'interno delle organizzazioni, soprattutto in veste di promotori di valori e principi che sono alla base della cultura aziendale e che permeano il modo di agire degli individui. E, da un punto di vista etico e morale, la presenza di una leadership forte, efficace, solida e responsabile influisce positivamente sul livello delle performance aziendali e organizzative (1). Essa è fondamentale per operare delle scelte complesse e per perseguire strategie aziendali lungimiranti, in un contesto di crescente

101

rapidità nei cambiamenti e di continua evoluzione dei mercati. Negli ultimi anni si è assistito a un significativo aumento del numero di lavori, ricerche e studi, diretti ad analizzare le caratteristiche e i comportamenti della leadership etica. Questi sono focalizzati, in primo luogo, sulle conseguenze e gli effetti sui membri dell'organizzazione e sulle differenti categorie di stakeholder coinvolti direttamente e indirettamente nella vita aziendale.

Ma qual è la motivazione principale di tale interesse da parte degli studiosi, manager ed esperti di studi aziendali?

Il dibattito sulla "eticità o meno" dei comportamenti, da parte dei responsabili aziendali, è stato alimentato dai numerosi scandali e frodi che hanno coinvolto e continuano a coinvolgere decine di aziende, provocando danni ingentissimi e perdite economiche e finanziarie per migliaia di azionisti e risparmiatori:

1. il crac Cirio, ad esempio, ha provocato un buco di 1.125 milioni di euro, coinvolgendo circa 35.000 risparmiatori;
2. nel crac Bipop-Carire le perdite per oltre 70.000 investitori/risparmiatori sono ammontate a circa 10,7 miliardi di euro, con un buco di 535 milioni di euro (2).

Si può senza dubbio affermare che la causa principale della maggior parte di questi scandali (Tab. 5.1) è da imputare a una grave decadenza morale e a un basso senso di responsabilità verso gli individui e la società.

Tab. 5.1 – I più famosi scandali aziendali

AZIENDA/ ISTITUZIONE	SETTORE	ACCUSE E TIPOLOGIA DI REATI
1992 Politica- Imprenditoria		- Mani pulite/Tangentopoli
2001 Enron	Energia	- Falso in bilancio - Bancarotta - Truffa
2002 WorldCom	Telecomunicazioni	- Truffa per irregolarità contabili /falso in bilancio
2003 Cirio	Conserve alimentari	- Truffa - False comunicazioni sociali - Bancarotta distrattiva, dissesto

2003 **Parmalat**	Alimentare	- Falso in bilancio - Truffa aggravata - Aggiotaggio - False comunicazioni dei revisori - Bancarotta fraudolenta
2006 **Telecom-Pirelli**	Telecomunicazioni Automobilistico	- Intercettazioni illegali -Attività illegale di dossieraggio
2013 **MPS**	Istituto di credito	- Falso in bilancio - Manipolazione del mercato - Ostacolo all'autorità di vigilanza
2014/2017 **Alitalia Sai**	Trasporto Aereo	- Bancarotta fraudolenta - Falso in bilancio - False comunicazioni sociali - Ostacolo alle funzioni di vigilanza
2015 **Volkswagen**	Automobilistico	- Emissioni truccate: violazioni delle norme ambientali per mascherare emissioni nocive superiori alla norma
2017 **Kobe Steel**	Acciaio	- False certificazioni di qualità su acciaio e alluminio
2018/2019 **Whirlpool-** **ex Embraco**	Refrigerazione	- Distrazione dei fondi destinati ai lavoratori per spese persona-li e per acquistare auto di lusso
2019 **General Electric**	Tecnologia e Servizi	- Falso in bilancio
2019/20 **Wirecard**	Pagamenti Elettronici	- Accusata di aver truccato i conti per 1,9 miliardi di euro (ammanco di 1,9 miliardi illecitamente contabilizzati)
2019/2020 **Banca popolare** **di Bari**	Bancario	- Investimenti a rischio e operazioni sospette - Comportamenti fraudolenti dei soci - Distrazione/dissipazione di cespiti immobiliari, complessi aziendali e partecipazioni societarie

Sanità		- Appalti truccati - Corruzione - Tangenti

Big Pharma
2013/2015: 20
Case
farmaceutiche tra
cui Teva, No-
vartis
Pfizer, Mylan;
2014: Roche;
 	
2019 Johnson &
Johnson
- Aspen Phar-
macare
	Farmaceutico	- Corruzione
		- Prezzi di farmaci gonfiati
		  anche oltre il 1000%
		
		- Vendita di farmaci per
		  indicazioni non autorizzate
		  (Tamiflu);
		- Scandalo Oppioidi
		
		- Distruzione di forniture di far-
		maci contro leucemia e
		cancro per aumentare i prezzi
		(anche del 1500%)

Ricerca Scienti-fica **Università**		- Concorsi truccati - Associazione a delinquere (caso "Università bandita")
Ferrovie dello Stato		Scandalo delle lenzuola d'oro
Magistratura		Numerosi casi di corruzione per nomine e processi aggiustati
Vaticano		- Scandalo IOR - Vatileaks - Scandalo "*obolo di San Pietro*"

Fonte: elaborazione dell'autore da fonti libere reperibili online.

Com'è noto, corruzione, frodi e abusi investono ogni settore e livello della vita pubblica e privata; e tutto questo ha comportato una maggiore attenzione alla valorizzazione dell'integrità e di comportamenti virtuosi e a una richiesta sempre più importante di introdurre e applicare l'etica nelle aziende. Da qui la necessità di approfondire, da un lato, le caratteristiche del leader etico, in termini di valori, principi e personalità di base (caratteristiche che si riflettono sulle finalità perseguite e sulle modalità di gestione aziendale); dall'altro, le ragioni principali che sempre più frequentemente spingono gli individui ad assumere comportamenti non virtuosi e lesivi degli interessi di altri individui. Il punto di partenza di tale analisi prevede:

1. un esame sistematico della vasta letteratura esistente, concernente le più importanti teorie sulla leadership etica;
2. la descrizione di caratteristiche e ruoli della leadership etica;
3. un esame dei modelli prevalenti di management e leadership etica, il loro ruolo nei processi organizzativi e nella pratica aziendale, le conseguenze delle azioni e decisioni assunte nei rapporti con gli interlocutori aziendali e la società di riferimento, l'influenza della leadership sull'etica dell'organizzazione considerata nel suo complesso.

5.2 Teorie sulla leadership etica

La caratteristica dell'integrità morale deve in qualche modo essere accompagnata da una buona dose di saggezza e di buon senso nell'uso del potere da parte del manager/leader, in ogni campo, settore (pubblico/privato) o ambito, sia esso aziendale, economico, politico o religioso. E questa importante differenziazione tra le diverse categorie di manager/leader, che analizzeremo in seguito, ci porta a considerare che esistono delle conseguenze derivanti da un esercizio distorto del potere. Tali conseguenze sono spesso correlate a una condotta illegittima e pregiudizievole e possono impattare negativamente sulle performance individuali e organizzative, a danno dell'intera comunità o collettività. E per meglio essere comprese, devono essere analizzate in concomitanza con l'analisi delle caratteristiche principali della leadership etica e non etica, considerato che gran parte degli autori è concorde sul fatto che la fiducia nell'integrità della leadership è diminuita significativamente nel tempo. Inoltre, è stato accertato un contestuale aumento della cattiva condotta da parte dei dipendenti a tutti i livelli, in termini di comportamenti ingannevoli, incoerenti, irresponsabili e mancanza di lealtà (come conseguenza dell'influenza negativa dell'uso improprio del potere da parte di leader e manager) (3). Pertanto, se da un lato si evince che, almeno teoricamente, l'etica aziendale ha un impatto positivo su diversi fattori competitivi (struttura dei costi, risorse umane, clienti, capacità d'innovazione, gestione del rischio e della reputazione, performance finanziaria); dall'altro, l'integrità morale della leadership rappresenta senza dubbio l'elemento più importante dell'etica, perché favorisce «la creazione di un ambiente di fiducia tra leader e seguaci, riconoscendo e attribuendo legittimità alla posizione e alle decisioni del leader» (4).

Per approfondire tali aspetti, può essere utile distinguere tra le diverse e numerose teorie proposte in letteratura in materia di leadership etica e riassunte in maniera dettagliata da diversi autori.

Yukl (2010) si sofferma in particolare sull'insieme delle teorie che includono quattro tipologie di leadership etica, a cui corrispondono caratteristiche analoghe e per alcuni versi differenti (5):
1. Trasformazionale;
2. *Servant* o al servizio;
3. Spirituale;
4. Autentica.

Esaminiamo brevemente il contenuto di ciascuna teoria e dei valori sottostanti a esse.

5.2.1 Leadership trasformazionale

Il termine *leadership trasformazionale* (o trasformativa) viene utilizzato per la prima volta nel 1973 da Downton (6) per definire uno stile di leadership carismatico e visionario. Attraverso un particolare potere d'influenza e, soprattutto, in un contesto di cambiamento organizzativo, questo stile è finalizzato a coinvolgere e incoraggiare gli individui ad agire in maniera collaborativa, per il raggiungimento degli obiettivi aziendali, in un clima in cui si viene a creare un forte legame e un'identificazione con i valori, gli interessi e le aspirazioni del leader.

Successivamente Burns (1978) rafforza tale concetto, rendendolo applicabile oltre che al contesto organizzativo anche a quello politico e della psicologia, definendolo come «un processo in cui leader e seguaci si supportano vicendevolmente per raggiungere un livello più elevato di morale e motivazione» (7), al fine di:

- sviluppare il potenziale dei singoli individui;
- agevolare la coesione tra i membri del gruppo;
- promuovere il cambiamento personale e organizzativo.

Secondo l'autore, la funzione principale del leader è di accrescere la consapevolezza dell'importanza dell'etica e dei valori nelle questioni aziendali attraverso:

- l'esempio morale;
- l'appropriatezza della propria condotta;
- il modo di lavorare.

Gli obiettivi principali sono invece quelli di cambiare e riformare il sistema organizzativo e sociale da un lato, e di apportare benefici all'intera comunità e nazione dall'altro, intervenendo personalmente per dirimere eventuali tensioni e conflitti sorti tra gli individui coinvolti. In questo contesto, è stata sviluppata un'ulteriore idea di leadership (detta *transazionale*) che, a differenza di quella trasformazionale (il cui obiettivo è di cambiare la cultura organizzativa), non è orientata a impegnarsi per il cambiamento culturale nell'organizzazione, ma agisce e opera nella cultura esistente, mantenendo la stabilità organizzativa. Il leader transazionale utilizza le ricompense per motivare e gratificare i propri collaboratori esercitando, al contrario, una pressione sui soggetti, attraverso un sistema di punizioni in caso di prestazioni inadeguate (8).

5.2.2 Leadership di servizio o Servant Leadership

Il secondo orientamento analizzato riguarda la *leadership di servizio,* teorizzata negli anni '70 da Robert K. Greenleaf nel suo noto contributo *The servant as leader* (9). L'autore ipotizza che la caratteristica fondamentale di un leader eticamente responsabile sia rappresentata dalla sua capacità di assumere una posizione di servizio nelle relazioni con i propri collaboratori, coinvolgendoli attivamente nel processo decisionale e supportandoli nel conseguimento degli obiettivi condivisi. Questo atteggiamento contribuisce a facilitare lo sviluppo individuale, il lavoro di gruppo, l'*empowerment* e contestualmente garantisce il benessere psico-fisico a lungo termine degli individui coinvolti. Per realizzare gli obiettivi, le strategie aziendali e le aspettative di tutti coloro i quali operano nell'organizzazione, L. Spears, ex presidente del *Robert K. Greenleaf Center for Servant Leadership*, nell'approfondire il contributo di Greenleaf, individua 10 principi a cui un leader efficace e di servizio dovrebbe ispirarsi e descritti nella tabella seguente (10).

Tab. 5.2 – Leadership e principi etici

PRINCIPI ETICI	DESCRIZIONE
1. Capacità di ascolto	Il *servant leader* deve essere dotato di grandi capacità comunicative e decisionali, supportate da un profondo impegno ad ascoltare attentamente ciò che viene detto, ma anche ciò che non viene detto esplicitamente.
2. Empatia	Per il *servant leader* ogni individuo è unico. Egli cerca di comprendere le persone a fondo entrando in empatia con ognuna di loro (ascoltatori empatici).
3. Guarigione	Anche in un contesto aziendale, le persone sperimentano esperienze negative e inaspettate che possono condizionare negativamente il rapporto con gli altri, creando un clima di sfiducia e incertezza. Un buon leader, in tali situazioni, interviene per dirimere i conflitti e "guarire le relazioni", compromesse da incomprensioni, cattiverie, gelosie, invidie, ambizioni di carriera, ricomponendo i rapporti attraverso la mediazione e la collaborazione.
4. Consapevolezza	La consapevolezza (ma soprattutto l'auto-consapevolezza) rafforza il *servant leader*. Essa, da un lato, "aiuta a comprendere le questioni che riguardano l'etica, il potere e i valori"; dall'altro, consente di visualizzare in maniera integrata le situazioni più critiche. Infatti, come osserva Greenleaf, la consapevolezza non procura conforto ma, al contrario, risveglia la coscienza su temi importanti, su ciò che è giusto e ciò che è sbagliato.

5. Persuasione	Nel processo decisionale, i *servant leader* si affidano alla capacità di persuasione derivante dal suo ruolo, piuttosto che al modello autoritario fondato sulla coercizione. Essi cercano di convincere gli altri, piuttosto che forzarli e costringerli ad agire in un determinato modo, creando consenso tra i membri del gruppo.
6.Concettualizzazione	I *servant leader* hanno la capacità di considerare un problema e affrontare le operazioni quotidiane in una prospettiva concettualistica di lungo termine, a differenza del leader autoritario per il quale è importante il conseguimento di obiettivi operativi a breve termine. I leader efficaci tendono a considerare entrambe le prospettive (breve e lungo termine) ricercando il "delicato equilibrio tra il pensiero concettuale e un approccio operativo quotidiano".
7. Capacità di Prevedere	"Essere lungimiranti e intuitivi" consente ai leader di comprendere le azioni e le decisioni del passato. Ciò li rende in grado di interpretare la realtà del presente, individuando eventuali aspetti negativi della situazione attuale e le possibili conseguenze di una decisione assunta in futuro.
8. *Stewardship*	Il termine è utilizzato per introdurre il concetto di gestione responsabile delle risorse. Questa funzione "evoca l'attività di custodia, conservazione, amministrazione di un patrimonio/affare svolta da un soggetto per conto del suo diretto interessato" [...] per cui "ne consegue l'obbligo per esso di rendere periodicamente conto delle attività svolte" (Sannino, I fini del bilancio). Ciò implica, da un lato, l'attribuzione di responsabilità a soggetti delegati, lasciandoli agire in autonomia sulle modalità di raggiungimento del risultato individuato; dall'altro, la creazione di un clima di fiducia per il bene della società.
9. Impegno per la crescita delle persone	I *servant leader* sono impegnati fortemente nella crescita personale, professionale e spirituale di ogni singolo collaboratore, all'interno del contesto organizzativo. Riconoscono che ogni individuo sia portatore di principi e valori intrinseci che vanno oltre il loro ruolo professionale, l'operosità e l'impegno profusi nell'organizzazione. Nella pratica aziendale quotidiana, questa particolare attitudine spinge il *servant*

	leader ad attuare azioni concrete come: "la messa a disposizione di fondi per lo sviluppo personale e professionale, l'interesse personale per le idee e i suggerimenti di tutti, incoraggiare il coinvolgimento dei lavoratori nel processo decisionale e assistere attivamente i lavoratori licenziati per trovare nuove posizioni".
10. Costruire la comunità	Greenleaf afferma: *la prima cosa che un'azienda deve fare è costituire un gruppo di persone che, sotto la guida dei responsabili, crescano diventando più sane, forti e autonome.* I servant leader di conseguenza sono consapevoli di quanto sia importante creare un senso di comunità all'interno e all'esterno del contesto organizzativo, comunicando la loro visione riguardo alla costruzione di un contesto aziendale sostenibile e dando luogo, pertanto, a una comunità autentica tra coloro che lavorano nelle imprese e in altre istituzioni.

Fonte: Spears L. C. (2010), *op. cit.*

Dall'analisi di questi principi emerge come questo tipo di leadership sia riconducibile, in realtà, più che a un approccio teorico, a una filosofia di gestione in cui il leader «si concentra sull'incremento del servizio rivolto ad altri piuttosto che a sé stessi» (11). Tuttavia, come fa notare Yukl:

«Nonostante i potenziali benefici derivanti dalla *servant leadership*, ci possono essere anche alcune conseguenze negative per un'organizzazione quando il benessere dei collaboratori e colleghi è considerato più importante della performance finanziaria» (p. 350), (5).

A tale riguardo, viene sottolineato come in periodi di particolari crisi economiche, in cui è necessario procedere a un taglio delle risorse e a riduzioni drastiche delle spese, risulti alquanto difficile mantenere un equilibrio armonico tra interessi dei proprietari e interessi dei dipendenti, tra obiettivi economico-finanziari e benessere dei dipendenti.

5.2.3 Leadership spirituale

Passiamo ora ad analizzare le dinamiche relative alla leadership spirituale. Questa teoria è stata sviluppata per aumentare la motivazione degli individui sul posto di lavoro. L'ipotesi è che la spiritualità possa contribuire ad accrescere e migliorare il benessere psicologico delle persone, aumentando contestualmente la loro motivazione a svolgere le proprie attività, in un'ottica di maggiore coinvolgimento e appartenenza all'organizzazione: il risultato è di favorire l'instaurarsi di un clima aziendale d'impegno e collaborazione e conseguire un vantaggio competitivo e migliori performance aziendali (5).

Nella letteratura analizzata da Yukl (2010) è stato dimostrato ampiamente come l'applicazione di tali valori spirituali sul posto di lavoro migliora il benessere fisico e mentale degli individui e consente altresì di «superare sentimenti negativi come paura, ansia, rabbia, senso di colpa, odio, orgoglio, invidia e risentimento». Questi valori aiutano, inoltre, a migliorare la qualità della vita, a garantire la sopravvivenza e lo sviluppo aziendale, a migliorare le prestazioni organizzative. Per altri studiosi la spiritualità è riconducibile alla religione in senso stretto, attribuendo grande importanza ai valori e alle virtù sottostanti al monoteismo (umiltà, carità, verità). Questa teoria incorpora una visione profonda in base alla quale il leader e tutti i membri dell'organizzazione attribuiscono un significato rilevante a valori e principi quali la speranza, la fede, l'altruismo, la disponibilità, la comprensione, il perdono, la pazienza, l'umiltà, l'onestà, la fiducia e la lealtà. Pertanto, i leader «cercano la sopravvivenza spirituale sia nei sistemi umanistici (organizzazioni), sia nella ricerca di una volontà di Dio teistica», attraverso una visione di vita basata su questi valori cardinali, da realizzarsi nell'azione etica e nell'interazione sociale quotidiana. Ciò significa che la sopravvivenza spirituale si persegue con la ricerca di una visione del servizio agli altri, attraverso l'umiltà, l'altruismo e la verità, che induce a considerare e vedere le cose esattamente come sono, quanto più possibili immuni da errori e distorsioni soggettive (12). D'altro canto, non si possono sottacere le limitazioni di questa teoria, molto simili a quella precedente.

Innanzitutto essa fa riferimento a valori molteplici e diversi, alcuni dei quali sono ritenuti più importanti di altri e non è chiaro come questi valori, caratteristiche personali ed esperienze di vita influenzino il comportamento del leader.

Inoltre, se da un lato la religione e i valori culturali possono favorire l'affermarsi della leadership spirituale, soprattutto in quelle organizzazioni, comunità o nazioni caratterizzate da forti valori culturali e tradizioni religiose; dall'altro, come vedremo in seguito, esistono contesti nei quali tali valori vengono teoricamente propugnati come fondamentali, ma nel concreto non sono applicati e vissuti (e questo vale sia per l'azienda che per altre realtà, anche religiose). In realtà spesso i leader, pur essendo apparentemente incorruttibili e moralmente integri, perseguono ben altri obiettivi personali (non orientati al bene della comunità) che influenzano negativamente i membri dell'organizzazione, persuadendoli ad agire nella stessa maniera.

5.2.4 Leadership autentica

Infine, le teorie sulla *leadership autentica* offrono una ricognizione critica delle caratteristiche principali emergenti. Si sottolinea come, in periodi di particolari crisi e scandali, il leader autentico possa rappresentare un fattore critico di successo, una fonte di motivazione, di fiducia e ispirazione quotidiana per lo sviluppo e la crescita delle persone e il cambiamento organizzativo (13). Per quanto possa sembrare paradossale, il leader autentico è l'esatto contrario di ciò che caratterizza il leader carismatico in senso stretto. La leadership non è una questione di carisma e, come afferma Drucker:

«Ciò che conta non è il carisma del leader. Perché la leadership non consiste in una personalità magnetica, che può prestarsi altrettanto bene alla demagogia. Essa non consiste nell'ingraziarsi le persone per poterle influenzare, quella è adulazione» (p. 6), (14).

Infatti, molto spesso i carismatici sono individui che condizionano i loro colleghi e collaboratori, facendo leva su storie personali e abilità retoriche (15). Considerano la leadership un'esibizione e creano l'illusione di essere superiori, ricorrendo alla critica e al condizionamento per elevare sé stessi, rispetto e a discapito degli altri.

Viceversa, i leader autentici possiedono un elevato senso morale, chiarezza nei valori e una forte percezione di ciò che è giusto e ciò che è sbagliato. La leadership è definita autentica perché: da un lato, il rapporto tra leader e collaboratori è fondato sulla sincerità da parte del leader (16); dall'altro, le questioni etiche sono trattate attraverso relazioni e processi decisionali aperti e trasparenti (17). Si evidenzia una forte coerenza tra comportamenti reali e il sistema di principi e valori di cui sono portatori. Hanno la tendenza a delegare responsabilità e poteri, incoraggiando i collaboratori ad agire con impegno e ottimismo nei momenti di maggiore difficoltà e a operare in team (18). Questo atteggiamento contribuisce a renderli credibili, nonostante i leader autentici possano essere contestualmente:

- direttivi (forniscono una guida attraverso regole appropriate);
- partecipativi (coinvolgono tutti, facendo emergere il potenziale di ciascuno);
- autoritari nella giusta misura.

Nonostante le numerose criticità sottese a questa tipologia di leadership (dovute principalmente alla difficoltà di bilanciare i diversi e molteplici interessi coinvolti, in un contesto in cui gli errori devono essere riconosciuti e affrontati in tempo reale), è dimostrato come i leader autentici:

1. sono portati a comprendere le diverse esigenze e prospettive;
2. inducono i collaboratori a raggiungere nella pratica un consenso razionale, secondo una visione comune;
3. nello stesso tempo hanno la capacità di evitare, ridimensionare e risolvere eventuali conflitti e problematiche derivanti dai vincoli organizzativi (19).

5.3 Caratteristiche e ruoli di leader e manager in un'organizzazione etica

Partendo dal presupposto che il leader in un'organizzazione può svolgere anche funzioni manageriali, è fondamentale tenere presente le differenze essenziali riscontrabili tra le due figure. Inoltre è importante sottolineare che, nonostante tali differenze, si riscontrano spesso problemi comuni relativi agli effetti positivi o negativi dei loro comportamenti. A questo proposito si può far riferimento brevemente a un importante contributo di Kotter (20). In esso si evidenzia come in realtà il dirigente possa essere contestualmente leader e manager e, di conseguenza:

- motivare, guidare e ispirare le persone a intraprendere una determinata direzione, promuovendo l'innovazione e la creatività (visione a lungo termine);
- svolgere attività di pianificazione, organizzazione, controllo e *problem solving*, con un focus sui sistemi e le strutture organizzative (visione a più breve periodo, Tab. 5.3).

Tab. 5.3 – Le attività del Manager/Leader

	MANAGEMENT	LEADERSHIP
CREARE UN'AGENDA	**Pianificazione e Budgeting:** -stabilire le fasi dettagliate e il calendario per conseguire i risultati previsti; - allocare le risorse necessarie per realizzare gli obiettivi previsti.	**Stabilire una direzione:** - sviluppare una visione del futuro e le strategie per produrre i cambiamenti necessari al raggiungimento di tale visione.
SVILUPPARE UN NETWORK UMANO PER RAGGIUNGERE GLI OBIETTIVI CONTENUTI NELL'AGENDA	**Organizzazione e personale:** - stabilire una struttura per soddisfare i requisiti del piano; - fornire personale a quella struttura; - delegare responsabilità e autorità per la realizzazione del piano; - disporre di appropriate politiche e procedure per guidare le persone; - prevedere metodi/sistemi per monitorare l'implementazione	**Allineare le persone:** - comunicare la direzione con parole e fatti a tutti coloro la cui cooperazione può essere necessaria per influenzare la costituzione di squadre e coalizioni che: 1) comprendano la visione e le strategie; 2) accettino la loro validità.
ATTUAZIONE	**Controllo e risoluzione dei problemi:** - monitoraggio dei risultati rispetto al piano in modo dettagliato; - individuazione delle difformità; - pianificazione e organizzazione per risolvere questi problemi.	**Motivare e ispirare:** - stimolare le persone a superare le principali barriere politiche, burocratiche e di risorse per il cambiamento, soddisfacendo bisogni umani molto basilari, ma spesso insoddisfatti.
RISULTATI	Produce un certo grado di prevedibilità e ordine e ha il potenziale di produrre costantemente risultati chiave, attesi dai vari stakeholder.	Produce cambiamenti, spesso in modo drammatico. Ha il potenziale di produrre cambiamenti estremamente utili (nuovi prodotti che il cliente desidera, nuovi approcci ai rapporti di lavoro che aiutino a rendere un'azienda più competitiva).

Fonte: Kotter (1990), *op. cit.*

Questa premessa è necessaria per sottolineare come il collegamento tra etica manageriale ed etica della leadership (*eticità della condotta di manager e leader*) sia fondamentale per indurre gli individui a comportamenti corretti, basati su valori etici. Da questi valori deriva la legittimazione sociale dell'impresa, condizione indispensabile per preservarne la sopravvivenza e garantire la crescita e lo sviluppo. Infatti, manager e leader, attraverso la loro condotta, valori e comportamenti, contribuiscono a configurare un'organizzazione etica, i cui pilastri fondamentali (*moral person* e *moral manager*), descritti da Trevino in un lavoro del 2000 (21), sono stati ulteriormente analizzati e sviluppati da Daft nel 2009 (22). Quest'ultimo ha individuato tre elementi esplicativi di tale organizzazione, come si evince dalla figura sottostante:

1. Individui etici;
2. Leadership etica;
3. Organizzazione, Strutture e Sistemi.

Fig. 5.1 – I tre pilastri di un'organizzazione etica

ORGANIZZAZIONE ETICA

Individui Etici	**Leadership Etica**	**Strutture e Sistemi Organizzativi**
- Integrità - Onestà - Ispirare fiducia - Trattare le persone in maniera giusta - Gioco leale - Elevato livello di moralità - Sviluppo/ Valorizzazione	- Modelli di ruolo - Difendere i valori etici organizzativi - Comunicare etica e valori - Premiare il comportamento etico - Rapida disciplina del comportamento non etico	- Cultura aziendale - Codice Etico - Commissione Etica - Responsabile dell'Etica - Formazione Etica - Meccanismo di denuncia di comportamenti scorretti

Fonte: Daft R., Marcic D. (2009) (22), *op. cit.*

a. Individui etici

I manager, in particolare, rientrano nella categoria degli *individui etici*. Com'è stato analizzato in precedenza, avendo responsabilità in materia di pianificazione, organizzazione e controllo, nei processi decisionali e di risoluzione dei problemi aziendali, essi devono rappresentare, attraverso la loro condotta, un modello d'integrità e onestà.

Ciononostante, come sottolineato più volte da Daft, non è sufficiente possedere un elevato senso morale, nell'assumere decisioni etiche, se esso non è supportato da un impegno costante, da parte dei manager, a incoraggiare i propri collaboratori ad agire onestamente. È necessario focalizzare «l'attenzione dell'intera organizzazione sui valori etici, creando un contesto organizzativo che incoraggi, guidi e supporti il comportamento etico di tutti i soggetti» (*sviluppo morale dell'intera organizzazione*). Quest'ultimo punto è rilevante nella misura in cui lo si colleghi ai due pilastri successivi: la leadership etica, le strutture e i sistemi organizzativi.

b. Leadership etica

Infatti, per ciò che riguarda il secondo elemento (*leadership etica*), c'è da rilevare che in un'organizzazione i leader hanno un preciso obbligo morale: essere di esempio a tutti i livelli aziendali, attraverso il loro comportamento e le loro azioni, impegnandosi concretamente e coerentemente a rispettare i valori etici e a orientare gli altri a fare propri tali valori. La cultura aziendale deve essere intrisa di valori etici e morali. Nello specifico, l'autore afferma che «se le persone non sentono parlare di valori etici, si convincono che essi non sono importanti nell'organizzazione». In questo senso, i comportamenti etici saranno tanto più diffusi quanto più saranno influenzati positivamente dai comportamenti virtuosi di chi dirige e ha responsabilità nelle organizzazioni. E a questo proposito, per comprendere le dinamiche intercorrenti tra leader e *follower*, è importante ricordare le due definizioni di leadership e leadership etica contenute, rispettivamente, nei lavori di Yukl (5) e Northouse (23) da un lato e Brown et al., (24) dall'altro. Yukl nel suo contributo fornisce un quadro delle definizioni più significative elaborate negli ultimi 50 anni, alcune delle quali sono riportate nella tabella seguente.

Tab. 5.4 – Definizioni di Leadership

Hemphill & Coons, 1957	La leadership è il comportamento di un individuo [...] che orienta le attività di un gruppo verso un obiettivo condiviso.
Rauch & Behling, 1984,	La leadership è il processo che influenza le attività di un gruppo organizzato verso il raggiungimento degli obiettivi.
Richard & Engle, 1986	La leadership riguarda le visioni, l'incarnazione dei valori e la creazione dell'ambiente in cui le cose possono essere realizzate.
Jacobs & Jaques, 1990	La leadership è un processo finalizzato a fornire uno scopo (*direzione significativa*) allo sforzo collettivo e per far sì che lo sforzo volontario venga speso per raggiungere lo scopo.
Schein, 1992	La leadership è la capacità di [...] avviare processi di cambiamento evolutivo più adattivi.
Drath & Palus, 1994	La leadership è il processo finalizzato a dare un senso a ciò che le persone fanno insieme in modo che le persone comprendano e si impegnino.
House et al., 1999	La leadership è la capacità di un individuo di influenzare, motivare e consentire agli altri di contribuire all'efficacia e al successo dell'organizzazione.

Fonte: Yukl (2010), *op. cit.*

Dalle definizioni suddette si evince che un leader viene considerato tale quando, attraverso il suo comportamento, è in grado di influenzare, orientare e dirigere le relazioni e le attività di un gruppo organizzato di persone, per il conseguimento di uno o più obiettivi. Difatti, Northouse (2016) ritiene che la leadership, in senso generale, rappresenti un processo articolato attraverso il quale:

«Il leader influenza gli altri per il conseguimento di un obiettivo comune. La dimensione di questa influenza da parte della leadership richiede che il leader abbia un impatto sulla vita di coloro che sono guidati. Apportare un cambiamento nelle altre persone comporta un enorme onere etico e responsabilità. Poiché i leader di solito hanno più potere e controllo dei *follower*, hanno anche più responsabilità [...]. Sia nel lavoro di gruppo, nelle attività organizzative o nei progetti della comunità, i leader coinvolgono i *follower* e li guidano per raggiungere obiettivi comuni. In tutte queste situazioni, i leader hanno la responsabilità etica di trattare i loro seguaci con dignità e rispetto, come esseri umani con identità uniche. Questo rispetto per le persone richiede che i leader siano sensibili agli interessi, ai bisogni e alle preoccupazioni dei *follower*» (p. 336), (23).

Per ciò che concerne la leadership etica, Brown (2010) la definisce come la capacità di tenere una condotta normalmente appropriata attraverso azioni personali e relazioni interpersonali, trasmettendo i valori, sottesi a tale condotta, ai propri collaboratori (onestà, affidabilità, correttezza e cura) e attraverso una comunicazione costante a due vie. I valori e gli standard etici trasmessi contribuiscono, da un lato, a modellare e correggere i comportamenti dei propri collaboratori; dall'altro, a rendere il leader un modello di riferimento legittimo, affidabile e credibile da seguire nel processo di definizione delle decisioni e azioni da intraprendere e degli obiettivi da conseguire. In un tale contesto, i leader etici considerano le conseguenze etiche delle loro decisioni e fanno scelte di principio giuste che possono essere osservate ed emulate dagli altri (24). In questo senso i principi e i valori a cui un leader si ispira e che guidano il suo comportamento e le sue azioni orientano anche i contenuti e la sostanza delle funzioni svolte (Fig. 5.2).

Fig. 5.2 – Valori, principi e funzioni di una leadership etica

Fonte: elaborazione dell'autore da Yukl (2010), Northouse (2016), *op.cit.*

Come vedremo nel prossimo capitolo, uno dei valori più importanti della leadership, per costruire una comunità etica, è rappresentato dall'integrità. In particolare, secondo Yukl l'integrità personale,
da un lato, è essenziale per mantenere la fiducia e la credibilità reciproca; dall'altro, rappresenta la misura in cui si è onesti, affidabili e
veritieri, piuttosto che ingannevoli e manipolatori. Di conseguenza

essere integri implica che, nel concreto, il comportamento deve essere coerente con i valori di cui si è portatori.

L'autore ha individuato alcuni indicatori attraverso i quali viene misurato il grado di integrità di un leader etico:

1. mantenere le promesse per essere credibili;
2. adempiere alla responsabilità del servizio ed essere leali;
3. proteggere le informazioni importanti e non divulgarle (se ciò accadesse si tradirebbe la fiducia dei propri collaboratori);
4. il comportamento del leader deve essere coerente con i valori comunicati;
5. il leader deve assumersi la responsabilità delle proprie azioni e decisioni, anche in caso d'insuccesso o fallimento.

Da questi elementi si evince come sia fondamentale incoraggiare le persone ad andare oltre l'adempimento delle proprie mansioni e attività lavorative, attraverso la comunicazione e l'applicazione sul campo di principi e valori etico-morali e il rispetto di chiare regole organizzative, segnalando eventuali comportamenti non etici che possono danneggiare l'azienda da un punto di vista economico, dell'immagine e della reputazione.

c. Strutture e sistemi organizzativi

Infine, Daft descrive in maniera approfondita il terzo pilastro di un'organizzazione etica (*strutture e sistemi organizzativi*). Esso è rappresentato da una serie di strumenti operativi a supporto di manager e leader, finalizzati alla diffusione di una cultura etica in tutta l'organizzazione. L'elemento più significativo riguarda la predisposizione e l'applicazione concreta del codice etico contenente:

a. la descrizione dei valori fondamentali della cultura aziendale (trasparenza, onestà, correttezza, integrità, ecc.);
b. norme concernenti la politica aziendale (responsabilità, qualità e sicurezza dei prodotti, trattamento dei propri collaboratori, focus sui clienti).

È importante sottolineare che attualmente quasi la totalità delle aziende possiede un codice etico. Da una recente ricerca (25) è emerso che nel 2014 tutte le aziende statunitensi possiedono un codice, mentre la percentuale per le società europee è di circa l'88%

rispetto al 42% delle società asiatiche, nelle quali si è registrata una diminuzione dal 2008 (dal 52% al 42%), (Fig. 5.3).

Fig. 5.3 – Percentuale dei codici etici per area geografica

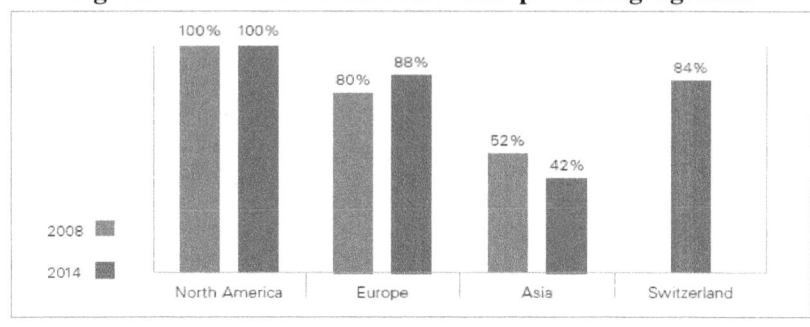

Fonte: KPMG (2015), *op. cit.*

Il report indica altresì i valori aziendali considerati fondamentali nelle intenzioni di manager e dipendenti (Tab. 5.5) e l'aumento dell'importanza attribuita a essi nel corso degli ultimi anni (Fig. 5.4). Con tutto ciò, gli stessi non forniscono alcuna indicazione se, nella pratica e nei comportamenti personali e aziendali, tali valori siano applicati concretamente.

Tab. 5.5 – I valori fondamentali citati più frequentemente nei codici etici

1	Integrità	50%
2	Rispetto	36%
3	Onestà	34%
4	Responsabilità	27%
5	Fiducia	26%
6	Orientamento al cliente	22%
7	Performance	20%
8	Comunicazione aperta	18%
9	Lavoro di squadra e cooperazione	18%
10	Innovazione	15%

Fonte: KPMG (2015), *op. cit.*

Fig. 5.4 – I valori fondamentali citati più frequentemente nei codici (2008-2014)

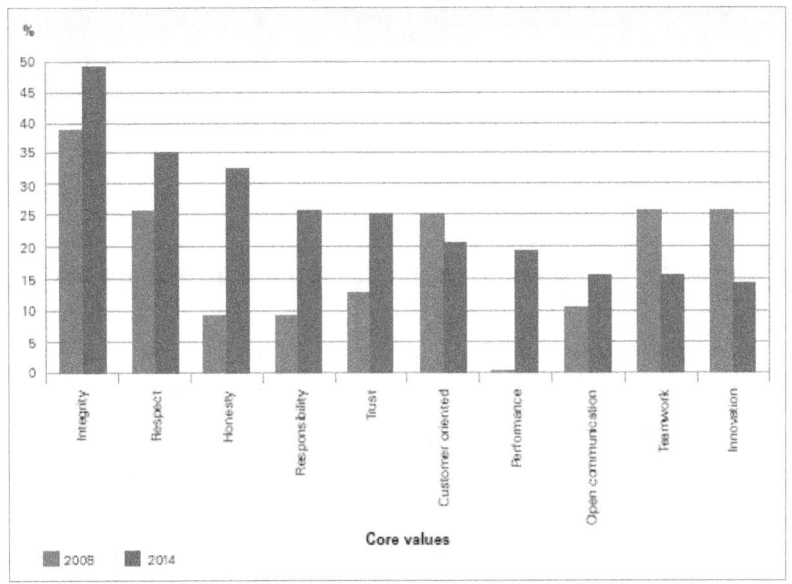

Fonte: KPMG (2015), *op. cit.*

Dall'analisi di queste ricerche emerge come sia forte e frequente la tendenza, da parte di dirigenti c manager di alto livello, ad affermare l'importanza dell'etica come valore fondamentale, sia a livello individuale che organizzativo. L'etica, considerata in questi termini, sarebbe necessaria per favorire una leadership di alto profilo morale in grado di promuovere comportamenti virtuosi. Tuttavia, nonostante il riferimento costante a tale strumento (definito *corporate credos* o credenziali aziendali) e sebbene l'importanza attribuita ai singoli valori sia notevolmente aumentata nel corso degli anni (Fig. 5.4), ciò non ha impedito il verificarsi di scandali e frodi a livello nazionale e internazionale, a danno dell'intera comunità.

Ci si chiede pertanto se la presenza del codice etico all'interno delle aziende sia solo un espediente per costruire una falsa immagine, allo scopo di ottenere la fiducia dei clienti/utenti e celare azioni e comportamenti corrotti e immorali. Le stesse considerazioni possono essere estese agli altri strumenti previsti a supporto delle azioni e decisioni di manager e leader. Essi sono rappresentati dall'insieme dei programmi e mezzi utili per implementare comportamenti etici: tra questi figurano la commissione etica, il dirigente aziendale con responsabilità e funzioni in materia etica (*chief ethics officier*), la formazione etica e le attività di *whistle-blowing* (divulgazione di pratiche illegali e immorali).

5.4 Leader e comportamenti etici: un modello di riferimento

Dalle analisi svolte in precedenza è stato possibile individuare le caratteristiche e le conseguenze del comportamento etico e non etico di leader e manager. Più volte è stato sottolineato come il comportamento etico sia riconducibile a un comportamento moralmente accettato come giusto e corretto, in contrapposizione a comportamenti moralmente inaccettabili e sbagliati (26), come quelli descritti dalla tab. seguente.

Tab. 5.6 – Comportamenti non etici

Coprire gli errori dei colleghi
Fare un favore a un cliente per amicizia
Fare un favore a un cliente per una "bustarella"
Discriminare un dipendente in base alla razza
Presentare informazioni fuorvianti a un cliente
Presentare a un cliente solo le caratteristiche positive dei prodotti dell'organizzazione
Manipolare dati e indicatori delle prestazioni per dare l'impressione di raggiungere i propri obiettivi
Aggirare le regole per aiutare l'organizzazione
Utilizzare il PC dall'ufficio per uso personale

Fonte: elaborazione da Hellriegel, Slocum, 2011 (26).

È stato inoltre chiarito come entrambi i tipi di comportamento siano comunque in grado di condizionare positivamente o negativamente le azioni e le decisioni intraprese, sia a livello individuale che organizzativo, conducendo l'azienda al successo o al fallimento. Ciò appare di fondamentale interesse poiché ci induce a focalizzare l'attenzione sugli elementi che contribuiscono a qualificare e definire un comportamento etico. Infatti, è stato ampiamente dimostrato come esso in definitiva rappresenti il risultato di una serie combinata di influenze interne ed esterne, individuali e collettive. Nello specifico, alcuni autori hanno proposto uno schema concettuale attraverso il quale è possibile comprendere le dinamiche interne ed esterne che influenzano il comportamento etico (Fig. 5.5).

Fig. 5.5 – Un modello di comportamento etico

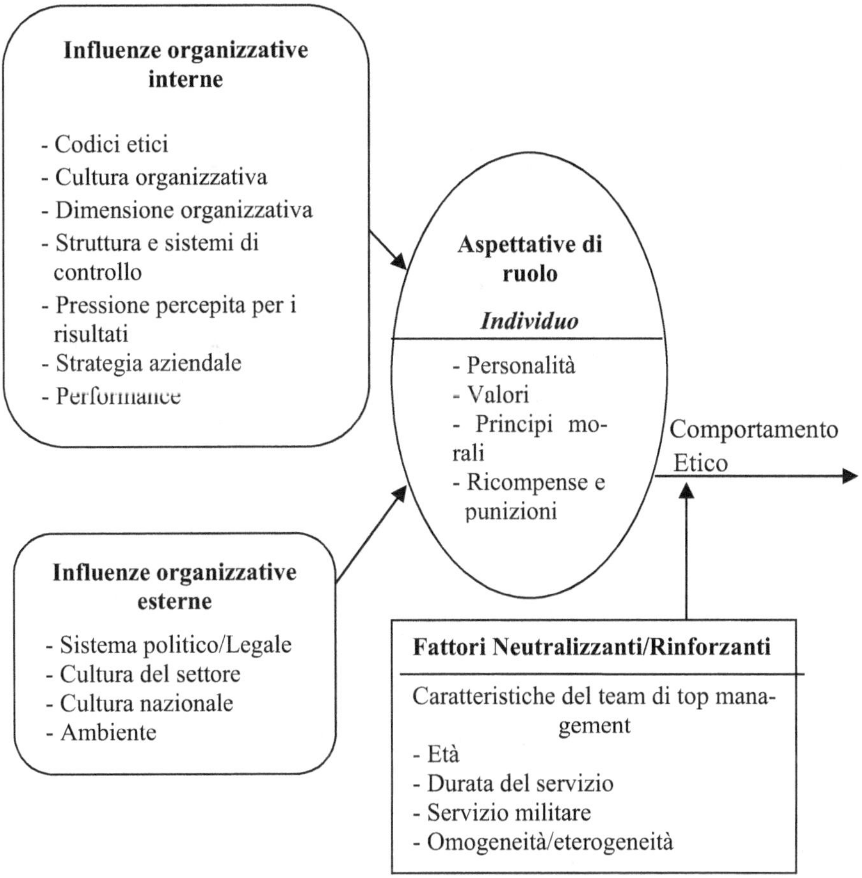

Fonte: adattamento da Kreitner (2004) e Daboub A. J. et al. (1995), *op. cit.*

Il modello, proposto in chiave positiva da Kreitner (2004), deriva dallo schema originale ideato da Daboub e altri (1995). In esso gli autori ipotizzano l'esistenza di una stretta correlazione tra caratteristiche personali del Top Management, influenze organizzative interne ed esterne e attività criminale da parte dell'azienda (fig. 5.6).

Fig. 5.6 – Caratteristiche del Team Top Management e Attività criminale aziendale

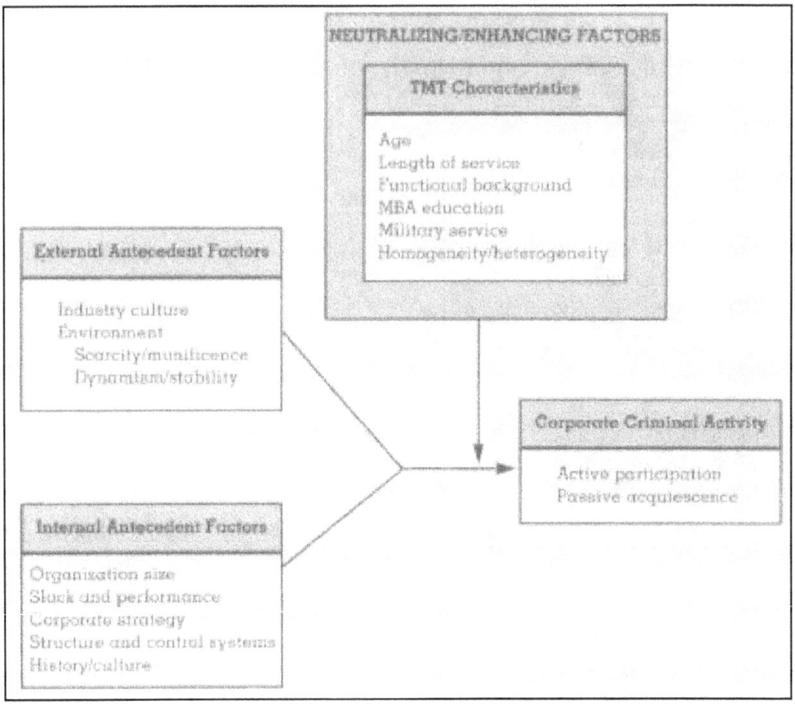

Fonte: Daboub A. J. et al. (1995), *op. cit.*

Nel loro contributo gli autori forniscono un quadro significativo sulla relazione tra crimini aziendali, contesto organizzativo e propensione del Top Management a comportarsi illegalmente (27). Nello specifico, si ipotizza che in molte realtà i manager non solo commettono azioni illecite, ma possono anche prevedere e adottare delle misure volte a nascondere la loro colpevolezza e impedire in tal modo che l'illegalità sia scoperta. Ciò è stato imputato anche a una formazione inadeguata a sviluppare manager etici, poco attenta ai valori individuali e diretta addirittura ad aumentare la propensione a impegnarsi in comportamenti illegali.

In questa sede analizzeremo brevemente le implicazioni del modello nel processo di assunzione delle decisioni aziendali, in relazione al comportamento degli individui e dell'organizzazione, prendendo in considerazione i fattori personali e le influenze interne ed esterne ritenute più rilevanti.

5.4.1 Influenze interne e fattori personali. Cultura aziendale e corruzione

È interessante notare come, tra gli elementi indicati nell'ambito delle influenze interne, l'aspetto più importante da considerare sia la "cultura aziendale". Essa viene descritta come l'insieme dei valori, credenze e atteggiamenti condivisi dai suoi membri, frutto e sintesi delle caratteristiche personali dei singoli individui e dei valori e principi morali acquisiti dagli stessi (26).

Ebbene, la maggior parte degli autori, che si sono occupati di comportamento organizzativo, è concorde nel ritenere che una forte e solida cultura organizzativa contribuisca a ridurre la possibilità di attuare comportamenti non etici (11), riflettendosi inevitabilmente sugli altri aspetti dell'organizzazione (strategie, sistemi di controllo, performance).

Hellriegel (2011) afferma, per esempio, che la cultura organizzativa è *la personalità dell'organizzazione*. Essa viene percepita diversamente dai propri membri, nelle loro decisioni quotidiane, a seconda di come si comportano concretamente i propri leader:

«Le culture organizzative possono derivare da una cultura etica debole o forte. Ad esempio, una cultura che enfatizza le norme etiche fornisce supporto per il comportamento etico. La leadership svolge un ruolo chiave nella promozione del comportamento etico, esibendo un comportamento corretto. Alcune organizzazioni sono ritenute portatrici di forti culture etiche, come Xerox, Canon, Medtronic e la Mayo Clinic. I principali leader di queste organizzazioni coltivano una cultura che premia le priorità etiche e influenza il comportamento dei dipendenti. Se i dirigenti di livello inferiore osservano leader di livello superiore che molestano altre persone, falsificano le note spese, deviano le spedizioni ai clienti preferiti, manipolano la posizione finanziaria dell'organizzazione e altre forme di comportamento non etico, presumono che questi comportamenti saranno accettabili, ignorati o eventualmente ricompensati. Pertanto, la presenza o l'assenza di comportamenti etici nelle azioni dei leader influenza e riflette la cultura organizzativa» (p. 49).

La cultura organizzativa può contribuire a rafforzare il senso di responsabilità degli individui per le conseguenze delle azioni da essi compiute, incoraggiando a comportarsi in maniera etica e socialmente responsabile, attraverso sistemi equi di ricompense, incentivi e riconoscimenti per il lavoro svolto (11). Al contrario, una cultura aziendale debole, carente di principi etici, alimenta comportamenti corrotti e poco trasparenti, innescando dei circuiti perversi e immorali di complicità che coinvolgono l'intera organizzazione e la sua strategia di azione.

5.4.2 Le influenze esterne

Il modello analizzato considera altresì alcuni aspetti che possono influenzare il comportamento dei manager in un'organizzazione, ovvero:

1. il Sistema politico/Legale;
2. la Cultura del settore (intesa come l'insieme di quelle norme, valori e principi unici a cui aderiscono i membri di un determinato settore di attività e in base ai quali tali attori definiscono gli obiettivi, le strategie e gli accordi con le altre organizzazioni) (28);
3. la Cultura nazionale (intesa come l'insieme di quei valori e principi unici che condizionano il comportamento dei suoi membri a livello nazionale e che comprende il linguaggio, la struttura sociale, la manifestazione del potere, la religione);
4. l'Ambiente fisico, economico, sociale e normativo nel quale le aziende operano.

Tra le dimensioni indicate dal modello, analizzeremo brevemente il sistema politico/legale di un Paese che è quello maggiormente rappresentativo. Infatti, esso contribuisce a influenzare:

- il comportamento etico delle aziende (nella misura in cui preveda delle norme dirette a promuovere e controllare l'eticità dei comportamenti, sanzionando eventuali atti scorretti e illegali con provvedimenti mirati);
- la cultura e l'ambiente circostante.

In genere, un sistema politico-istituzionale instabile e corrotto, con i suoi meccanismi illeciti, produce effetti e conseguenze nefaste sull'intera società civile ed economica. È ovvio che se il livello di corruzione del sistema politico e amministrativo di una nazione viene percepito come elevato, potenzialmente anche altri settori di attività saranno investiti dallo stesso fenomeno. In altre parole, emergono le seguenti considerazioni:

1. il sistema politico è molto distante dall'interesse generale della collettività, perché improntato su criteri legati a logiche interne di potere;
2. la corruzione è considerata tra le principali cause delle disfunzioni dello Stato, ostacolo per lo sviluppo economico e minaccia per la tenuta morale del Paese (29);
3. nella realtà aziendale numerose sono le aziende coinvolte in frodi, evasioni fiscali, pratiche contabili scorrette, uso personale di risorse aziendali, ecc.;
4. è evidente la collusione tra Stato e mercato, sistema pubblico e privato:

«Gli scambi corruttivi–più o meno localizzati–risultano radicati in reti composte da una pluralità di attori che usano la politica per realizzare affari. Si tratta infatti di soggetti che mettono in atto una vera e propria *politica degli affari* (Di Mascio, 2012, 183), da cui ricavano strumenti e risorse per guadagnare e consolidare posizioni di potere, in un circolo vizioso che mischia economia e politica, da una parte, e pubblico e privato, dall'altro. Da questo punto di vista, il fenomeno della corruzione politica può dunque essere considerato anche espressione di una crisi che investe insieme la sfera della regolazione e quella della rappresentanza. Non è infatti solo un fenomeno di criminalità, ma chiama in causa i rapporti tra Stato e mercato, e soprattutto la questione del difficile equilibrio che gli assetti istituzionali dovrebbero perseguire nel tentativo della «quadratura del cerchio» (Dahrendorf, 1995) tra efficienza economica, coesione sociale e democrazia» (p. 12), (30).

5.4.3 Fattori chiave di successo etico: i magnifici sette

È chiaro che il comportamento etico è frutto della combinazione di una serie di fattori individuali e organizzativi (interni ed esterni) che insieme contribuiscono a delineare i principi morali a cui i manager dovrebbero ispirarsi per agire correttamente nel processo decisionale e nell'interesse sia dell'azienda che degli stakeholder di riferimento. Questi fattori sono stati definiti da Kent Hodgson "*i magnifici sette*", proprio per sottolineare il loro valore universale, la cui efficacia è garantita dalla disponibilità di tutti i membri dell'organizzazione a tradurre nella pratica tali principi in decisioni etiche (11), (Tab. 5.7).

Tab. 5.7 – I magnifici sette

1) Dignità della vita umana	**La vita deve essere rispettata.** Gli esseri umani, per il solo fatto di esistere, hanno valore e dignità. Non dovremmo agire con la diretta intenzione di ferire o uccidere una persona innocente. Gli esseri umani hanno diritto alla vita; siamo obbligati a rispettare questo diritto. La vita umana deve essere preservata e trattata come sacra.
2) Autonomia	**Tutte le persone hanno valore intrinseco e hanno il diritto di autodeterminarsi.** Dovremo comportarci in modo da dimostrare il valore di una persona, la sua dignità e il suo diritto alla libera scelta. Abbiamo il diritto di agire asserendo il nostro stesso valore e i nostri bisogni legittimi. Non dovremmo usare gli altri come "cose" o come mezzi per un fine. Ogni persona ha lo stesso diritto alla basilare libertà umana, compatibilmente con la libertà altrui.

3) Onestà	**La verità dovrebbe essere detta a coloro che hanno il diritto di conoscerla.** L'onestà è conosciuta anche come integrità, sincerità e onore. Ognuno dovrebbe parlare e agire così da riflettere la realtà della situazione. Le parole e le azioni dovrebbero rispecchiare il modo in cui le cose sono realmente.
4) Lealtà	**Promesse, contratti e impegni devono essere onorati.** La lealtà include la fedeltà, il mantenimento delle promesse, il rispetto della fiducia pubblica, il comportarsi da buoni cittadini, la qualità del proprio lavoro, l'affidabilità, l'impegno e il rispetto di leggi, regole e norme di condotta.
5) Giustizia	**Le persone dovrebbero essere trattate giustamente.** Ogni persona ha il diritto a essere trattata lealmente, con imparzialità ed equità. Ognuno ha l'obbligo di trattare gli altri lealmente e giustamente. Tutti hanno diritto al necessario per vivere – specialmente le persone profondamente bisognose e prive di aiuti. La giustizia include l'equità, l'imparzialità e un trattamento non discriminatorio. Coloro che operano con giustizia tollerano le diversità e accettano le differenze fra le persone e le loro idee.
6) Umanità	**Comprende due principi fondamentali:** (1) bisognerebbe fare il bene; (2) bisognerebbe evitare di fare il male. Dovremmo fare il bene per gli altri e per noi stessi. Dovremmo preoccuparci del benessere degli altri; solitamente, dimostriamo questa preoccupazione nelle forme della compassione, della generosità, della gentilezza, del servizio e dell'attenzione.
7) Bene comune	**Nelle proprie azioni si dovrebbe realizzare il maggior bene possibile per il maggior numero di persone.** Ci si dovrebbe comportare in modo da aumentare il benessere della maggioranza di persone, cercando allo stesso tempo di proteggere i diritti degli individui.

Fonte: Kent Hodgson in Kreitner e Kinicki, p. 37, (2004), *op. cit.*

Analizzando a prima vista questi criteri, si può scorgere un'analogia e un'omogeneità di contenuti con i principi fondamentali dell'etica, descritti nel primo capitolo e riconducibili in primo luogo alla sfera personale dell'individuo. Ciò sembrerebbe convalidare largamente l'affermazione in base alla quale non è possibile separare i valori morali ed etici personali da quelli dell'organizzazione in cui si opera e si partecipa. Inoltre, in teoria il perfetto equilibrio tra le dimensioni esposte nel modello contribuisce a migliorare il clima organizzativo. E ciò diventa concretamente possibile solo se l'etica viene intesa come un investimento a lungo termine, una *mission* aziendale ben precisa, come parte integrante della cultura e della strategia organizzativa e non un mero slogan retorico e inconcludente.

Bibliografia

1. Magni M., Ferdinando Pennarola F. (2015), Responsible Leadership: Creare benessere, sviluppo e performance a lungo termine, Egea.

2. D'Alessandro F. (2012), Autorità di vigilanza sul mercato finanziario e diritto penale, EDUCatt Università cattolica.

3. Monahan K. (2012), Emerging Leadership Journeys, Vol. 5 Iss. 1, pp. 56-66, Regent University School of Global Leadership & Entrepreneurship.

4. Stouten J., Van Dijke M., De Cremer D. (2012), Ethical Leadership: An Overview and Future Perspectives, Journal of Personnel Psychology, Vol. 11(1):1-6.

5. Yukl G.A. (2010), Leadership in Organizations, Pearson Education.

6. Downton J.V. (1973), Rebel Leadership: Commitment and Charisma in a Revolutionary Process, Macmillan Pub Co.

7. Burns MacGregor J. (1978), Leadership, Harper & Row.

8. Trentini G. (2002), Oltre il potere. Discorso sulla Leadership, Franco Angeli Ed.

9. Greenleaf R.K. (1973), The servant as leader, Center for Applied Studies.

10. Spears L.C. (2010), Character and Servant Leadership: Ten Characteristics of Effective, Caring Leaders, The Journal of Virtues & Leadership, Vol. 1 Iss. 1, pp. 25-30, School of Global Leadership & Entrepreneurship, Regent University.

11. Kreitner R., Kinicki A. (2004), Comportamento organizzativo, Apogeo.

12. Fry L.W. (2003), Toward a theory of spiritual leadership, The Leadership Quarterly (December).

13. Avolio B.J., Gardner W.L. (2005), Authentic leadership development: Getting to the root of positive forms of leadership, The Leadership Quarterly 16, pp. 315-338.

14. Drucker P.F. con Maciarello J. (2013), Un anno con Drucker. L'action book del padre del management. Un'idea al giorno, Rizzoli Etas.

15. Wilde S. (2013), Trends in Leadership Research: Authentic Leadership, Grin.

16. Clayton M. (2014), Team leadership in pratica. Potenziare il proprio team, ispirare i collaboratori, trasformare le criticità in successi, Franco Angeli Ed.

17. May D.R., Chan A.Y.L., Hodges, T.D. & Avolio B.J. (2003), Developing the moral component of authentic leadership, Organizational Dynamics, 32, 247-260.

18. Nelson D.L., Campbell Quick J. (2013), Organizational Behavior: Science, The Real World and You, South-Western Cengage Learning.

19. Gill R. (2011), Theory and Practice of Leadership, Sage Publications Ltd.

20. Kotter J.P. (1990), Force for Change: How Leadership Differs from Management, Free Press.

21. Trevino L.K., Hartman L.P., Brown M. (2000), Moral Person and Moral Manager: How Executives Develop a Reputation for Ethical Leadership, California Management Review, Vol. 42, No. 4 (Summer).

22. Daft R., Marcic D. (2009), Understanding Management, South Western Cengage Learning.

23. Northouse P.G. (2016), Leadership. Theory and Practice, Seventh Edition, Sage Publications.

24. Brown M.E., Mitchell M.S. (2010), Ethical and Unethical Leadership: Exploring New Avenues for Future Research, Business Ethics Quarterly 20:4, ISSN 1052-150X (October).

25. KPMG (2015), Swiss Code of conduct.

26. Hellriegel D., Slocum J.W.Jr. (2011), Organizational Behavior, South-Western, Cengage Learning.

27. Daboub A.J, Rasheed A.M.A., Priem R.L., Gray D.A. (1995), Top Management Team Characteristics and Corporate Illegal Activity, Academy Management Review, Vol. 20, No. 1, 138-170.

28. Forsgren M., Johanson J. (1992), Managing Networks in International Business, Routledge.

29. Mancini P., Mazzoni M., Cornia A. e Marchetti R. (2017), The Representation of Corruption in the British, French and Italian Press: Audience Segmentation and the Luck of Unanimously Shared Indignation, The International Journal of Press/Politics, 22, 1, pp. 67-91.

30. Busso S., Martone V., Sciarrone R. (2018), Corruzione e politica. Trasformazione dei partiti, personalizzazione e reti di affari. Politics and corruption. Parties' transformation, personalization and business networks, https://journals.openedition.org/qds/2139.

6. GESTIONE DEI DILEMMI ETICI E INTEGRITÀ AZIENDALE

Peter F. Drucker
Se un'organizzazione è moralmente salda,
lo si deve al senso morale dei suoi top manager.
Se quello spirito si corrompe,
lo si deve alla corruzione del top management.

6.1 I dilemmi etici e morali nei processi decisionali

Dalle analisi svolte finora è emerso che i tratti caratteriali, così come le variabili psicologiche del leader, concorrono a determinare la natura del processo decisionale e le modalità di attuazione delle diverse fasi che lo costituiscono. A tal proposito, alcuni studi si sono soffermati sul principio secondo il quale lo stadio di sviluppo morale e cognitivo dell'individuo condiziona e determina il modo in cui l'individuo pensa e agisce in merito ai dilemmi etici (su cosa sia giusto o sbagliato nel processo di assunzione di una decisione in una specifica situazione). Inoltre, è stato anche dimostrato che il modello di cultura etica e organizzativa può avere una diretta influenza sulla condotta individuale (1).

Ma come può essere utilmente definito un dilemma etico in ambito aziendale e chi sono i soggetti decisori?

In primo luogo, i soggetti decisori sono definiti *agenti morali* (2) e possono essere identificati nella persona del leader, del manager, di entrambi o di un gruppo di lavoro. Spesso sono chiamati a fronteggiare situazioni/eventi critici e complessi chiamati *dilemmi etici*. Essi richiedono di fare delle scelte etiche dirette a prendere una decisione: in altri termini si tratta di scegliere tra diverse azioni tutte eticamente corrette (giusto vs giusto), ma che confliggono tra loro. La scelta di una qualsiasi di queste opzioni presenta delle implicazioni negative su taluni individui, sull'azienda o sulla collettività; d'altro canto, le opzioni, pur essendo spesso tutte giuste, possono avere un diverso impatto sugli individui (3).

Si parla quindi di dilemma etico quando, in presenza di un evento critico in un contesto complesso:

a. i soggetti hanno la possibilità di prendere la decisione giusta,

b. dopo aver attentamente valutato le alternative possibili (opzioni),

c. apparentemente tutte corrette ma concorrenti o in conflitto tra loro,

d. sottoposte a tutti i membri del gruppo di lavoro,

e. selezionando le soluzioni più appropriate.

Di seguito si offrono alcuni spunti di riflessione, attraverso la breve descrizione di due casi particolari.

1° Caso

Daft e Marcic (2006) nel loro contributo evidenziano, tra una serie di interessanti esempi, il seguente (2).

Al responsabile delle vendite di un'importante azienda farmaceutica è stato chiesto di promuovere un nuovo farmaco che costa 2.500 dollari per dose. Dall'analisi dei rapporti è emerso che il nuovo farmaco è più efficace solo dell'1% rispetto a un farmaco alternativo che costa molto meno (circa un quarto). Eticamente parlando, è possibile promuovere in maniera aggressiva il farmaco da 2.500 dollari per dose, considerata l'esistenza di un farmaco alternativo che costa molto meno? In caso contrario, esiste un rischio concreto a carico dei potenziali pazienti che potrebbero essere salvati con il nuovo farmaco, anche se l'aumento dell'efficacia è percentualmente irrilevante (solo 1%)?

Recentemente si è posto lo stesso problema riguardo alle cure contro il nuovo virus in circolazione. Da molte parti ci si è chiesto: perché produrre *ab origine* un farmaco (in questo caso il vaccino che, secondo diversi autorevoli virologi anche di fama internazionale, potrebbe rivelarsi inutile, vista la mutabilità continua del virus), quando sono disponibili diverse ed efficaci alternative a basso costo? Per esempio, è stato accertato e ampiamente documentato che il plasma iperimmune e alcuni farmaci, come l'idrossiclorochina, l'aspirina, l'eparina, il cortisone, l'azitromicina, sono molto efficaci per curare questa tipologia di virus.

A questo proposito, da un punto di vista etico, è biasimevole il comportamento tenuto da due famose riviste scientifiche (*The Lancet* e *The New England Journal of Medicine*), costrette a ritirare due studi che evidenziavano l'inefficacia dell'idrossiclorochina. Questi studi di dubbia utilità e credibilità:

- hanno bocciato il farmaco in questione, nonostante avesse ottenuto buoni risultati di guarigione sul campo;
- sono stati ritirati perché supportati non da dati scientifici reali ma da dati di dubbia provenienza che gli stessi autori non hanno potuto verificare (4). Il ritiro è avvenuto dopo l'intervento di 140 medici che hanno contestato sia l'affidabilità di questi studi che il ritiro del farmaco da parte dell'Aifa. Tutto questo ha ovviamente messo in discussione la serietà e l'integrità non solo della rivista in questione ma dell'intero sistema delle pubblicazioni scientifiche.

Il dilemma sul vaccino è ancora aperto ed è possibile aggiungere che la produzione sarà anche costosa. Si presume che peserà enormemente sui bilanci dei vari Stati europei, essendo previsto l'acquisto di 400 milioni di dosi, ovvero per la quasi totalità della popolazione europea. A ciò si aggiunge il fatto, non di poco conto, che in genere lo sviluppo, la produzione e la sperimentazione di un vaccino, come del resto della maggior parte dei farmaci, richiedono tanto tempo (anche fino a 10 anni), come segnalato dall'Istituto Superiore della

Sanità, (https://www.epicentro.iss.it/vaccini/vaccinisviluppocommercio).
Di conseguenza, la produzione e sperimentazione in tempi brevi (addirittura mesi) pongono un problema etico e morale importante sulla sicurezza dello stesso nel lungo termine (da notare che al punto 10 del modulo di consenso informato, relativo alla vaccinazione anticovid, è esplicitamente indicata la seguente dicitura: *Non è possibile al momento prevedere danni a lunga distanza*).
(http://www.quotidianosanita.it/allegati/allegato692674.pdf).

Cardozo e Veazey nel loro recente contributo, pubblicato il 28 ottobre 2020 su PubMed (https://pubmed.ncbi.nlm.nih.gov/33113270/) dal titolo *Divulgazione del consenso informato ai soggetti dello studio vaccinale a rischio di peggioramento clinico della malattia attraverso i vaccini Covid-19*, sottolineano la necessità del rispetto degli standard di etica medica nel processo di comprensione da parte del paziente (dei rischi e benefici), in materia di consenso informato. Nello specifico, al fine di soddisfare tali standard, si ritiene che sia fondamentale e doveroso comunicare ai soggetti di ricerca in sperimentazione con il vaccino, ai soggetti che vengono reclutati per le sperimentazioni e ai futuri pazienti dopo l'approvazione del vaccino gli eventuali rischi specifici descritti di seguito:

«Lo scopo dello studio era di determinare se esiste una letteratura sufficiente per richiedere ai medici di rivelare il rischio specifico che i vaccini COVID-19 possano peggiorare la malattia in seguito all'esposizione al virus in questione o alla circolazione del virus [...]. I vaccini COVID-19 progettati per ottenere anticorpi neutralizzanti possono sensibilizzare i destinatari del vaccino a malattie più gravi rispetto a quelle che si avrebbero se non fossero stati vaccinati [...]. Questo rischio è sufficientemente oscurato nei protocolli degli studi clinici e nei moduli di consenso per gli studi sul vaccino COVID-19 in corso, quindi è improbabile che si verifichi un'adeguata comprensione da parte del paziente di questo rischio, evitando il consenso veramente informato da parte dei soggetti in questi studi».

Inoltre, secondo l'opinione espressa da diversi avvocati interpellati in merito, il consenso informato «consentirebbe di sollevare i medici e la compagnia farmaceutica da possibili complicazioni ancora sconosciute del vaccino».

https://www.ilgazzettino.it/nordest/padova/vaccino_covid_consenso_informato_firma_documento_cosa_fare-5677129.html.

Il governo nel Regno Unito, a questo proposito, ha concretamente previsto e concesso al colosso farmaceutico Pfizer l'immunità e un'indennità legale, finalizzate a tutelarlo da eventuali citazioni in giudizio da parte di pazienti o parenti, in caso di problemi e complicazioni derivanti dalla somministrazione del vaccino. In tale contesto anche il personale dell'NHS che somministra il vaccino, così come i produttori del farmaco, sono protetti da eventuali azioni legali e richieste di risarcimento.

https://www.independent.co.uk/news/health/coronavirus-pfizer-vaccine-legal-indemnity-safety-ministers-b1765124.html.

2° Caso

Vista l'attualità del tema in Italia, si pensi ancora alla necessità di installare telecamere in asili nido e strutture che ospitano anziani, per tutelarli e proteggerli da maltrattamenti e abusi. Teoricamente, i soggetti deputati a legiferare tengono conto di una serie di vantaggi e svantaggi nel processo di valutazione di tale dilemma. Alcuni sono totalmente d'accordo; altri ritengono che, essendo casi isolati, l'installazione non sia necessaria, in quanto essa violerebbe la privacy di insegnanti e operatori.

D'altro canto, considerato il decadimento spirituale e morale di parte della società odierna (e considerato che alcuni purtroppo non considerano il loro lavoro come una missione), il buon senso suggerisce che occorre proteggere i soggetti più deboli e indifesi (bambini, anziani, disabili) da coloro i quali esercitano le loro funzioni in maniera crudele, inadeguata, indegna e senza scrupoli rispetto al ruolo ricoperto.

Purtroppo soggetti simili, privi di ogni empatia e zelo verso l'altro, ma soprattutto verso il più debole, sono sempre esistiti e continueranno a esistere in ogni contesto. Per questo motivo è fondamentale prevedere delle azioni drastiche e risolute, dirette a impedire che tali comportamenti ed eventi immorali si ripetano nel futuro. Chi non ha nulla da temere o da nascondere non può ragionevolmente opporsi all'installazione di telecamere in questi luoghi, così come nelle

141

strade, se ciò significa garantire la sicurezza e l'incolumità delle persone. Ovviamente il processo decisionale è connotato da una certa complessità e non è affatto scontato che, in una data situazione, i soggetti responsabili siano in grado di comprendere e assumere la decisione giusta. Infatti, questo processo può dipendere:

1. dai numerosi attori coinvolti nel processo decisionale e che operano ai diversi livelli gerarchici;
2. dalla progettazione del contesto in cui questi attori operano mentre prendono le decisioni;
3. dalla percezione da parte dei singoli attori di quel particolare problema o contesto (5).

A ciò si aggiunge che, di fronte a un dilemma etico, c'è il rischio che le persone facciano delle scelte non etiche per diversi motivi:

a. decidono di fare ciò che è più conveniente per loro, senza tener conto dell'interesse generale;
b. decidono di fare tutto il possibile per ottenere benefici personali, nella convinzione di dover scegliere tra essere etici e vincere a ogni costo;
c. decidono che cosa sia "giusto" al momento, in base alle circostanze, senza valutare i pro e i contro (6).

Da un'analisi della letteratura sono emersi due modelli interpretativi differenti riguardo al processo decisionale.

Il primo è riconducibile a Hosmer, il quale ha sviluppato un *modello di analisi etica* in chiave positiva, utile ed efficace per prendere decisioni sulle risorse umane e sulla gestione aziendale (5).

Il secondo modello è stato sviluppato da Jackson (2012) ed è definito, al contrario, *modello di dissoluzione etica*, per sottolineare come fattori organizzativi, individuali e contestuali possono convergere e provocare la rovina etica di un'organizzazione altrimenti sana, attraverso decisioni errate prese dagli individui, coinvolti nel processo decisionale (7).

Il modello di Hosmer, ripreso da Zimmerli (2007), considera in primo luogo gli standard morali di comportamento e solo in una fase successiva valuta l'impatto e le conseguenze delle scelte etiche e morali (dilemmi) che i decisori devono affrontare (fig. 6,1).

Fig. 6.1 – Come risolvere positivamente un dilemma etico

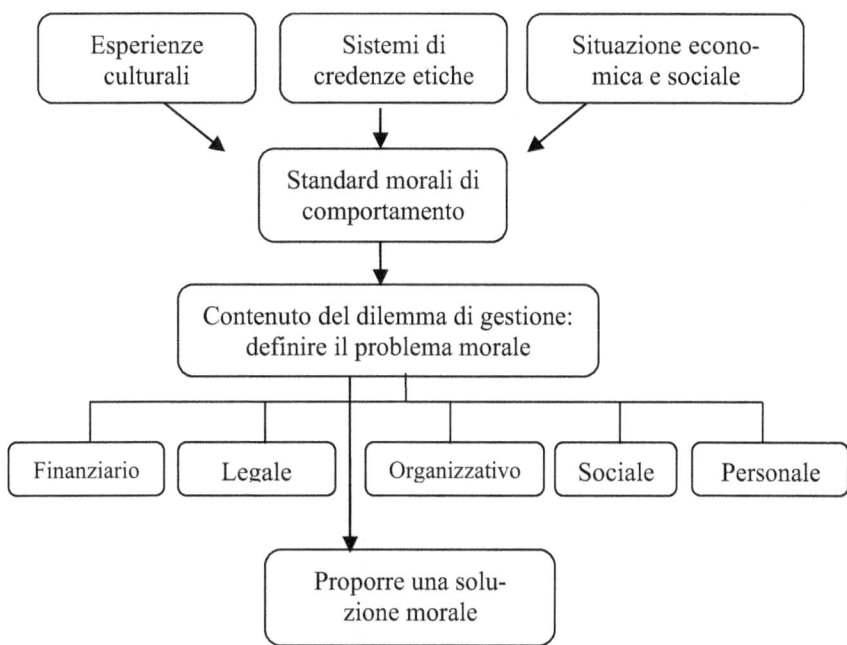

Fonte: Adattamento da Hosmer (1987) in Zimmerli et al. (2007), p. 246, *op. cit.*

L'autore puntualizza come i criteri morali devono sempre guidare il nostro comportamento e quello degli altri, al fine di identificare i principi-guida capaci di orientare il processo decisionale finale. Fondamentale a questo punto è l'analisi/valutazione di tutte le implicazioni della decisione assunta (di natura finanziaria, economica, legale, organizzativa, sociale, etica e personale) in relazione alle diverse categorie di stakeholder.

Al contrario, il *modello di dissoluzione etica* è un chiaro esempio di come non sempre sia possibile fornire una soluzione etica a un dilemma decisionale (Fig. 6.2).

Fig. 6.2 – Modello di dissoluzione etica e decisioni non etiche

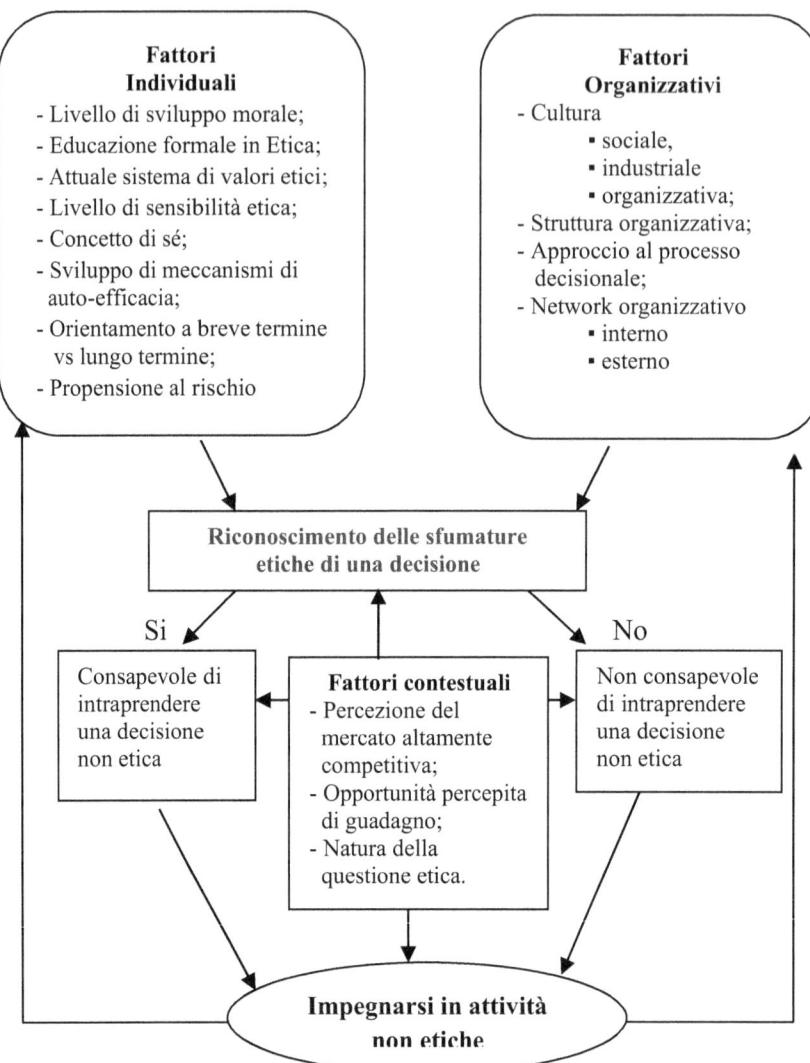

Fonte: Jackson R. W. et al. (2012), *op. cit.*

Gli autori ritengono che la dissoluzione etica di un'organizzazione sia un processo lento che progredisce in un tempo più o meno lungo, a causa di una serie di decisioni e azioni sbagliate da parte di soggetti che fanno parte di un gruppo, all'interno dell'organizzazione stessa,

in un determinato contesto o insieme di circostanze. A tale processo di dissoluzione concorre una serie di fattori interni ed esterni:
1. fattori individuali;
2. fattori organizzativi;
3. fattori contestuali.

Gli elementi più importanti sono rappresentati:

- da un basso livello di sviluppo etico e morale della leadership composta da una o più persone che, con il loro comportamento, contribuiscono a erodere gradualmente l'ambiente etico;
- da una mancanza di "educazione etica";
- dalle caratteristiche della personalità.

Da ciò si evince che la totale assenza di sensibilità etica, durante il processo decisionale (frutto della mancanza di una leadership forte con un'integrità morale ed etica elevata), favorirà la corruzione e ciò si rifletterà inevitabilmente sull'intera organizzazione, la sua reputazione e credibilità.

Al contrario, è stato ampiamente dimostrato che se, in una data azienda, esiste un programma etico completo e allineato alla strategia aziendale, questo teoricamente può far leva sul sistema dei controlli interni vigenti, al fine di prendere le giuste decisioni di fronte a difficili dilemmi etici. Infatti, la formazione, elevati standard etici consolidati e la simulazione di scenari concreti sono strumenti efficaci a supporto delle aziende, per educare i dipendenti a salvaguardare l'integrità dell'impresa ed eventualmente per prevenire o affrontare situazioni di corruzione aziendale (5). Ovviamente, è importante evidenziare che tali programmi saranno pressoché inutili e poco efficaci se gestiti da soggetti propensi al rischio "non responsabile" e disposti a realizzare atti di corruzione sistemica.

6.2 Il modello TERA e la soluzione ai dilemmi etici

6.2.1 Introduzione al modello

Con riferimento a quanto discusso sopra, alcuni anni fa è stato sviluppato un interessante strumento diretto a potenziare le qualità etiche e morali di leader e manager e in grado di supportarli nella comprensione e analisi del contesto organizzativo e delle persone. L'obiettivo di questo strumento di formazione intensiva, definito modello TERA (acronimo di *Trajectory, Ethics, Responsibility, Authenticity*), è di sviluppare maggiore sensibilità etica, giudizio e consapevolezza tra gli amministratori, in merito alla dimensione morale dei processi decisionali e all'impatto delle loro decisioni sulle persone, sull'organizzazione e sulla comunità (8). Attraverso questo strumento ci si propone di risolvere efficacemente i dilemmi etici, descritti in precedenza (*assumere la decisione giusta*), prevedendo contestualmente gli effetti e le implicazioni pratiche, sia sui singoli individui che sull'organizzazione.

Come suggerisce Langlois (2011), il modello TERA è parte integrante del processo decisionale etico. Esso riguarda l'insieme delle norme, valori e principi morali che orientano le persone a comportarsi in un modo piuttosto che in un altro. Questo processo, nella sua essenza, contribuisce ad analizzare gli elementi e i principi che sono alla base di una decisione, incoraggiando le persone coinvolte a intraprendere un'azione specifica, attraverso una profonda riflessione morale e assumendosi la piena responsabilità etica e morale dell'azione intrapresa. La riflessione di cui sopra conduce a una serie di interrogativi sviluppati dall'autore a supporto di tale processo, per risolvere il dilemma etico:

1. cosa dovrei fare in questa situazione e come dovrei comportarmi?
2. quali sono i valori alla base della mia decisione?
3. su quali elementi dovrei concentrarmi per affrontare e risolvere questo dilemma?
4. quali obiettivi sto perseguendo, e su quali basi si orienta la mia decisione?
5. che cosa considero giusto o sbagliato (buono o cattivo) in questa data situazione?
6. quali saranno le conseguenze per il soggetto che intraprende l'azione e per gli altri, direttamente o indirettamente coinvolti (collaboratori, parenti, comunità d'interesse, società)?

Dalle domande su esposte emerge chiaramente come l'applicazione di principi e valori, nell'affrontare un problema o dilemma etico, è possibile solo attraverso la presenza di persone che possiedono una profonda sensibilità etica, capaci cioè di analizzare e comparare le diverse soluzioni alternative e ipotizzabili.

Al contrario, in molti casi è stato dimostrato che non sempre le implicazioni etiche sono considerate da chi deve prendere una decisione (organo deliberante). In altre parole, il processo decisionale di questi soggetti può essere profondamente influenzato da fattori individuali e dal contesto organizzativo di riferimento. Come afferma Langlois:

«Ciò impedisce loro di sviluppare una sensibilità morale, per quanto riguarda le questioni etiche riscontrate, dal momento che tutte le decisioni devono essere giustificate in base a norme e regole prestabilite dai dirigenti e approvate dal loro diretto superiore nella gerarchia organizzativa» (p. 61), (8).

E ciò provoca, tra l'altro, un inevitabile distacco dalle proprie responsabilità.

6.2.2 Le dimensioni del modello a supporto delle decisioni manageriali

Dopo questa breve introduzione, si procederà esaminando nel dettaglio le caratteristiche del modello, concentrando l'attenzione sulle dimensioni e gli elementi che concorrono a configurarlo. In proposito, bisogna osservare che il modello TERA si basa su una relazione circolare fra tre dimensioni che costituiscono la premessa necessaria per intraprendere un processo di analisi etica e per meglio orientare e guidare le decisioni da parte degli organi decisori. Le dimensioni in questione sono (Fig. 6.3):

A) la conoscenza;
B) la volontà;
C) l'azione.

Fig. 6.3 – Il modello TERA

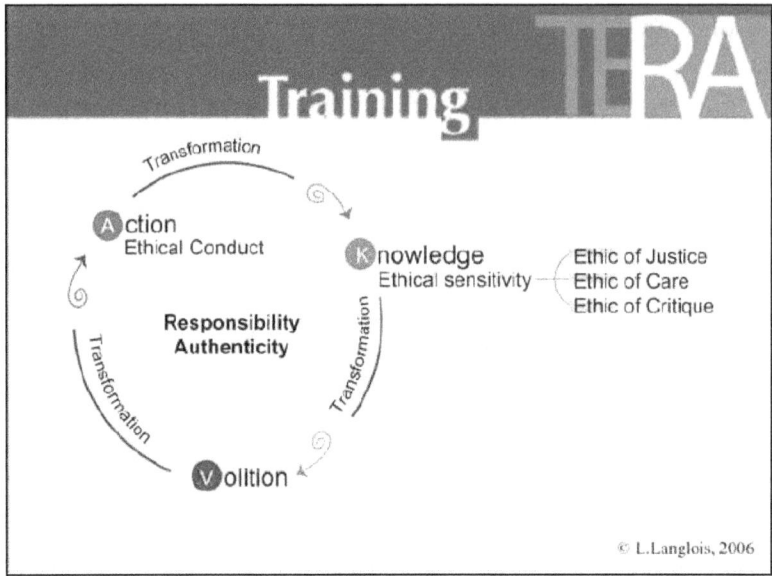

Fonte: Langlois (2010), *op. cit.*

A. Conoscenza

Nel primo stadio di questo percorso, rappresentato dalla conoscenza (*knowledge*), gli individui sono chiamati ad analizzare la situazione (dilemma etico), attraverso un attento processo di riflessione. Questo processo riguarda l'analisi delle misure e delle procedure legislative in merito al dilemma etico e, per essere meglio compreso e sviluppato, vede coinvolte tre dimensioni dell'etica o azioni morali: etica della cura, della giustizia e della critica.

1. L'*etica della cura* riguarda le relazioni interpersonali, in termini di rispetto reciproco e benessere psicologico delle persone sul posto di lavoro. Ciò implica che la gestione organizzativa deve fondarsi sulla fiducia e la comunicazione reciproca, al fine di perseguire obiettivi comuni. Come fa notare l'autore:

«Le politiche fondate sul riconoscimento dell'individuo, all'interno dell'organizzazione e per il ruolo svolto da ciascuno, dovrebbero essere attente alle esigenze degli altri; quando in un luogo di lavoro gli individui sono messi in contrapposizione l'uno contro l'altro, favorendo la competizione e

148

incoraggiando i dipendenti a farsi carico di oneri aggiuntivi, allora si prendono le distanze da una politica fondata sulla cura per gli altri» (p. 72).

2. L'*etica della giustizia*, d'altro canto, implica una forte attenzione all'ordine sociale, all'equità e alla valutazione delle conseguenze di una particolare decisione sulla comunità. Ad esempio, la mancata trasparenza nelle politiche di assunzione dei dipendenti, senza rispettare le regole e le procedure, può creare situazioni di forti tensioni e disagi derivanti dalla percezione di iniquità, in grado di provocare gravi perdite e ledere l'immagine e la reputazione dell'azienda.

3. L'*etica della critica*, infine, richiede una grande sensibilità e la consapevolezza che, di fronte a dei fallimenti, sia fondamentale evitare atteggiamenti ed espressioni ciniche in grado di provocare l'insorgere di tensioni e malcontenti, riconoscendo in maniera razionale che dagli errori commessi e constatati sia possibile trarre preziosi insegnamenti per il futuro.

Nella fase della conoscenza il soggetto decisore è chiamato pertanto ad analizzare le soluzioni possibili a un problema, ovvero:

a. considerare, nell'ambito di queste tre dimensioni, i potenziali effetti scaturiti da ciascuna di esse, in base al criterio di una maggiore giustizia sociale, attraverso *capacità di ascolto, comprensione, dialogo ed empatia*.

b. denunciare eventuali accordi nascosti e trasversali (conflitti d'interesse, favoritismi) che conferiscono a un gruppo un vantaggio rispetto a un altro;

c. individuare situazioni che ingiustamente favoriscono alcuni a discapito di altri o addirittura della società nel suo complesso.

B. Volontà

In questa seconda fase l'individuo è chiamato ad attribuire un peso ai valori e ai principi etici che dovrebbero essere applicati al processo decisionale e, come evidenzia giustamente l'autore, è lecito chiedersi fino a che punto gli individui siano:

• disposti a consentire l'applicazione di questi valori, come regole interne di riferimento a un dato problema;

- disposti a difendere il proprio punto di vista coerentemente con i propri principi;
- motivati ad agire per risolvere il dilemma e contestualmente siano in grado di giustificare i motivi che orientano le proprie decisioni.

Tali quesiti si rivelano fondamentali poiché molto spesso leader e manager, nella pratica aziendale, pur ponendosi legittimamente il problema o dilemma etico, possono essere oggetto di pressioni e influenze interne ed esterne. Tuttavia, hanno anche la facoltà di ignorare il problema delle conseguenze morali ed etiche delle proprie azioni e decisioni, tanto da non provare alcun rimorso dei potenziali effetti negativi e dannosi provocati. Infatti, come è stato affermato nel capitolo dedicato alla leadership tossica o non etica, esiste un legame profondo tra comportamenti immorali, scarsa o mancanza totale di sensibilità etica/empatia e bassi livelli delle performance organizzative. In altri termini, eventuali danni derivanti da comportamenti e decisioni immorali non suscitano alcun ripensamento o sentimento di rimorso; anzi spesso chi li commette, come i «tiranni e i criminali, si sentono bene dopo aver commesso un crimine» (8).

Come rimarca più volte Langlois (2011), questa fase rappresenta l'elemento centrale del modello, poiché:

«Riflette la costituzione morale di una persona […]. Le persone possono sentirsi perse quando si rendono conto di non avere convinzioni veramente profonde o valori ben identificabili. Questa fase spesso li lascia in un completo disordine […]. La persona percepisce un vuoto morale o una mancanza di forza morale, necessari per agire» (p. 82).

Tutto questo porta a pensare che la mancanza di principi e valori morali, etici e religiosi di riferimento possa condurre al caos sociale. Di conseguenza, le caratteristiche e i valori personali acquisiti, e che ci sono stati trasmessi nel corso del tempo, possono essere determinanti nel definire e connotare le nostre azioni, i nostri comportamenti, le nostre qualità umane, in ogni contesto e campo di attività.

C. Azione

Infine, nell'ultima fase del modello TERA un leader etico o gruppo di lavoro è chiamato a mettere in pratica ciò che è stato oggetto di valutazione (problema) nelle fasi precedenti, al fine di risolvere il dilemma etico, dopo aver responsabilmente analizzato tale problema e giustificato le proprie scelte. Eppure, quando si sceglie di applicare l'etica alle azioni aziendali quotidiane, si potrebbe anche decidere di non agire, se non sussistono i presupposti per prendere una decisione giusta ed equa, quando cioè si ritiene che l'impatto sulle persone sarà negativo e dannoso.

È stato dimostrato che «una persona eticamente predisposta e competente è in grado non solo di discutere e affrontare queste situazioni all'interno dell'organizzazione, ma anche di utilizzare gli argomenti necessari per comprendere meglio le possibili conseguenze e ciò che esse comportano» in tutte le dimensioni considerate cruciali: gestione delle risorse umane, standard e linee guida, immagine aziendale, relazioni con le diverse categorie di stakeholder (8a).

In conclusione, il programma TERA, pur essendo uno strumento apparentemente complesso, in realtà ha contribuito a coinvolgere attivamente i partecipanti nello sviluppo di una cultura etica applicabile alla leadership e all'intera organizzazione. Nello specifico, il processo decisionale etico, sottostante al modello, è risultato notevolmente efficace per:

1. risvegliare e rafforzare la sensibilità etica;
2. rendere consapevoli dell'importanza di principi, quali la giustizia e l'equità, la considerazione per gli altri, il rispetto delle regole e dei regolamenti;
3. garantire la trasparenza, la correttezza e l'autenticità dei comportamenti nell'esercizio della leadership, sul posto di lavoro e nelle relazioni esterne, sia sul piano umano, sia su quello professionale (*vivere e agire in coerenza con i valori e i principi morali ed etici condivisi*);
4. sviluppare uno spirito critico e migliorare la capacità di comprendere se, tra diverse opzioni e possibilità, una decisione sia giusta o inappropriata (*valutazione morale*), nonché le conseguenze e i potenziali effetti di tale decisione per sé stessi e per gli altri (*immaginazione etica e morale*);

5. considerare la responsabilità etica un valore fondante di riferimento a cui ispirarsi nelle azioni e nelle scelte di gestione, nel contesto economico e nella società (*assumersi la responsabilità delle decisioni intraprese*). Essere responsabili significa adottare comportamenti trasparenti e irreprensibili, facendo leva sull'insieme dei valori etici e morali utili a costruire e a stabilire un forte rapporto di fiducia con l'organizzazione e la società nel lungo termine. Questa responsabilità etica personale consente di stabilire delle corrette strategie etiche a livello aziendale, riflettendosi inevitabilmente sui risultati finali, economici, sociali, di reputazione e d'immagine.

6.3 Salvaguardare l'integrità etica aziendale nei processi decisionali

Com'è stato più volte sottolineato, un leader/manager che intende garantire, conservare o rafforzare l'integrità della propria organizzazione deve in primo luogo dimostrare a sé stesso di essere una persona moralmente ed eticamente irreprensibile, dal momento che determinati valori, a prescindere dalla dimensione pubblica o privata dell'azienda, devono essere trasmessi dai livelli più alti e ricadere su tutta l'organizzazione con la medesima forza. In altre parole, deve essere *capace d'integrità*, rappresentando l'integrità una virtù, un principio etico fondamentale sia a livello individuale che sociale, con una connotazione normativa ben precisa che fornisce un orientamento in merito alle azioni e decisioni giuste da intraprendere (9).

La capacità d'integrità a sua volta implica la dimostrazione, da parte dei soggetti che operano all'interno dell'organizzazione, di essere in grado di allineare la propria condotta con il sistema dei valori fondamentali dell'organizzazione stessa, al fine di sviluppare un ragionamento morale maturo ed esprimere un giudizio equilibrato in merito alle questioni morali e dilemmi etici da discutere e risolvere (10). L'obiettivo è di progettare, sviluppare e sostenere relazioni moralmente ed eticamente solide, sia a livello intra-organizzativo che extra-organizzativo, dirette a promuovere sistemi a supporto del processo decisionale morale.

Petrick e Quinn (2000) ritengono che la reputazione, in questo stato di necessità, rappresenti una fondamentale e irrinunciabile risorsa immateriale da promuovere, coltivare e proteggere con cura, in quei contesti nei quali il comportamento delle imprese suscita critiche da parte degli stakeholder in merito all'ipocrisia morale sottostante alle pratiche commerciali concretamente attuate. Molto spesso società multinazionali enfatizzano la loro capacità di essere responsabili socialmente, laddove invece sono impegnate in pratiche di sviluppo insostenibili che inquinano l'ambiente naturale, distruggono i mercati locali e sfruttano i lavoratori, a discapito delle questioni etiche e morali. Ciò significa che, in un contesto caratterizzato da molteplici casi di corruzione, la credibilità e, di conseguenza, la redditività nel lungo termine di molte organizzazioni possono essere garantite e mantenute solo se la società è in grado di trasmettere questi valori a tutto il personale aziendale, stabilendo chiaramente le decisioni e le azioni giuste da intraprendere.

Nella realtà odierna si evidenzia, però, un importante divario tra ciò che le aziende dichiarano di voler realizzare e ciò che concretamente viene realizzato. Per questo motivo s'insiste sul fatto che gli stakeholder aziendali interni devono essere in grado di comprendere come i valori d'integrità aziendale orientino e influenzino le decisioni gestionali e le pratiche operative.

Gli stakeholder esterni, d'altro canto, si aspettano che i processi gestionali e decisionali della società siano progettati e realizzati tenendo conto dei valori e dei principi etici e morali adottati, al fine di risolvere efficacemente i dilemmi di integrità aziendale. La presenza in azienda di linee guida generali o di codici etici e di condotta sono reputati inutili se non vengono applicati concretamente nell'esercizio quotidiano delle attività, a supporto dei processi di analisi dei problemi e dei risultati (11).

Nella pratica sono emerse differenze sostanziali sul modo di concepire l'integrità aziendale da parte delle aziende (12). A seconda dei contesti organizzativi, essa viene spesso associata a:

1. un valore o principio specifico (*correttezza e trasparenza*);
2. un modo generale di agire moralmente (*moralità aziendale*);
3. una forma esemplare di comportamento, coerente con i propri valori morali che, nel processo di assunzione delle decisioni e nel tentativo di difendere posizioni difficili, coinvolge virtù, quali il coraggio morale e addirittura l'eroismo.

A prescindere da come viene interpretata, la questione cruciale riguarda la necessità di poter contare su leader moralmente incorruttibili, capaci di orientare la comunità aziendale verso elevati standard di integrità interpersonale, considerati dei mezzi efficaci per evitare di scendere a compromessi e agire nell'ombra, attraverso agende di lavoro non ufficiali (13).

6.4 Le dimensioni dell'integrità aziendale

Brown (2005) nel suo interessante contributo sulla *Corporate Integrity* ritiene che l'integrità aziendale assume un significato rilevante e una condizione potenzialmente attuabile solo quando si considera l'azienda come un sistema aperto (9):
1. costituito da persone che interagiscono e comunicano tra loro;
2. progettato per realizzare specifici obiettivi, in relazione ad altri sistemi (società, organizzazioni, ambiente).

Quest'affermazione è tanto più vera quanto più è evidente che sia necessario:

«Allineare l'esplicita intenzione, da parte di un'azienda, di definire i suoi valori e il suo ruolo nella società con la manifestazione di questa intenzione negli impegni organizzativi e nelle azioni del personale aziendale» (p. 1).

L'autore, nella sua approfondita analisi, ha individuato alcune dimensioni della vita aziendale che possono contribuire a sviluppare o reprimere il principio d'integrità stesso. Le dimensioni prese in considerazione sono cinque (culturale, interpersonale, organizzativa, civica e naturale) e saranno descritte nel prosieguo (Fig. 6.4).

Fig. 6.4 – Dimensioni e sfide dell'integrità aziendale

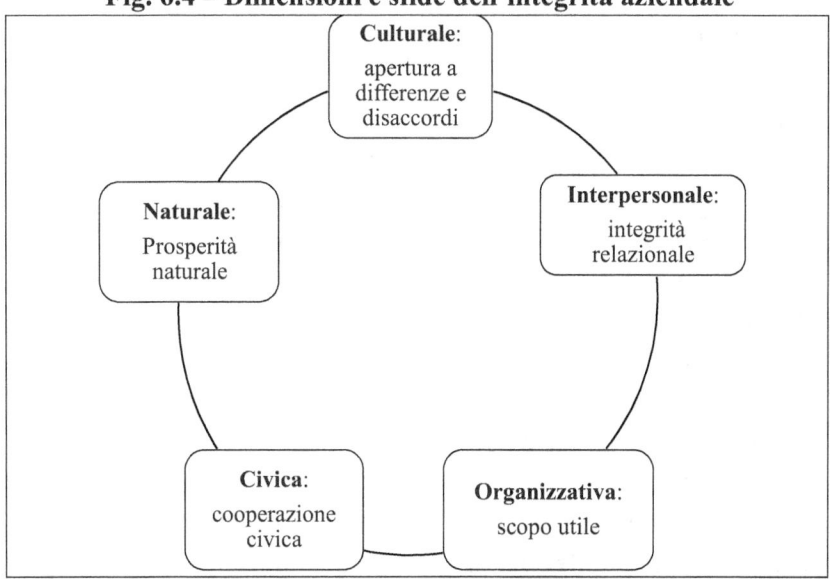

Fonte: adattamento da Brown (2005), *op. cit.*

1. Cultura aziendale

In particolare, la cultura aziendale è la dimensione più importante poiché, attraverso il linguaggio, la comunicazione, l'intensa interazione di diversi tipi di cultura, persone ed esperienze, contribuisce a garantire l'unità aziendale. Questo processo è reso possibile dal fatto che le modalità di gestione organizzativa e delle risorse umane sono il risultato di una cultura che si è istituita e affermata nel tempo (14) e gli elementi che concorrono a definire la cultura di un'organizzazione sono la coscienza collettiva e i valori sottostanti a essa. Tali valori stabiliscono se la cultura è solida, integra e incorruttibile e se esistono degli indicatori predittivi che potrebbero potenzialmente indebolire la capacità dell'organizzazione di agire eticamente (15). Come fa notare Coppola (2007), eventuali violazioni dei codici di condotta e delle norme di comportamento devono essere sanzionate sia a carico di chi ha commesso la violazione, sia di chi ha omesso di segnalare la violazione stessa, al fine di far comprendere agli individui l'importanza di condividere i valori guida, la *mission*, la *vision* della comunità aziendale di appartenenza e i principi sui quali si

155

dovrebbe fondare la cultura aziendale (16). Fondamentali a questo livello sono la modifica e il rafforzamento dei processi e dei modelli di comunicazione di tali valori, da diffondere a tutti i livelli organizzativi.

2. Interpersonale

La seconda dimensione presa in considerazione è quella interpersonale che riguarda:

1. le relazioni che intercorrono tra gli individui;
2. le relazioni tra dipendenti;
3. le relazioni tra dipendenti e datori di lavoro;
4. le diverse modalità di comunicazione verbale e non verbale.

I modi di comunicare e collaborare condizionano la qualità del lavoro e l'integrazione delle risorse umane. L'integrazione, intesa come interdipendenza piuttosto che come divisione, rappresenta un elemento fondamentale per l'immagine e la sopravvivenza aziendale. L'autore mette in rilievo il fatto che le persone non sono solo membri dell'organizzazione, ma sono anche membri familiari e della società. In questi contesti, caratterizzati dalla presenza di soggetti differenti per carattere o per opinioni, spesso emergono dei conflitti che possono essere superati solo attraverso il rispetto reciproco e la cooperazione, come accade nei rapporti tra dipendenti e dipendenti e manager. Pertanto queste relazioni chiavi (familiari e sociali) in parte contribuiscono a determinare la qualità e la natura delle relazioni che s'instaurano sul posto di lavoro.

3. Organizzativa

La terza dimensione analizzata si riferisce all'organizzazione intesa come "agente", ossia come una comunità di individui (persone e personale aziendale) che contribuiscono a creare e sostenere l'organizzazione stessa. La realtà delle organizzazioni include istituzioni politiche, economiche, educative e sociali (profit e non profit, pubbliche e private), ognuna delle quali persegue un determinato scopo. Questi soggetti sono responsabili delle loro azioni e decisioni, in quanto agiscono in nome e per conto dell'organizzazione. In teoria, essi (membri dell'azienda, funzionari e dirigenti), quando assumono delle decisioni, devono tener conto dello scopo aziendale da perseguire, piuttosto che essere condizionati da interessi personali. Di conseguenza, l'azienda è ritenuta il soggetto responsabile delle azioni concretamente intraprese a prescindere dalla loro natura. Ebbene, l'integrità implica che le azioni e le decisioni intraprese dagli agenti devono essere coerenti con la condotta organizzativa, la *mission* e lo scopo "utile" perseguito dall'azienda, intendendo per scopo utile uno scopo meritevole di essere realizzato.

Secondo l'autore, lo scopo di qualsiasi tipo di azienda è quello di svolgere diverse funzioni nella società civile. Sia le organizzazioni non profit che quelle a scopo di lucro possono essere considerate organizzazioni che perseguono scopi meritevoli e, dal punto di vista civico, le aziende private perseguono anche scopi pubblici che non sono dissimili da quelli perseguiti dalle organizzazioni no profit.

Come vedremo in seguito, la prospettiva civica considera le aziende come parte integrante della società civile e i membri organizzativi come cittadini. Le aziende appartengono a sistemi sociali più grandi e lo scopo prioritario perseguito dovrebbe essere teoricamente quello di soddisfare i bisogni umani, migliorare le condizioni di vita e non semplicemente fare profitto a tutti i costi. In questo contesto, anche le organizzazioni private dovrebbero essere progettate per perseguire uno scopo utile e meritevole, divenendo un punto di riferimento importante all'interno della società civile, attraverso un'interazione costante con altri soggetti pubblici e privati, nel rispetto delle «esigenze sociali e ambientali e delle preferenze dei consumatori».

4. Sociale/Civica

Come accennato in precedenza, la prospettiva civica considera le aziende come membri della società civile e i membri dell'organizzazione come cittadini. Secondo l'autore, questo modo di interpretare le società, i dipendenti e i datori di lavoro implica tre vantaggi:

1. rappresenta il passo necessario allo sviluppo dell'idea di cittadinanza aziendale;
2. fornisce gli strumenti per dirimere eventuali conflitti tra coloro che enfatizzano il concetto di responsabilità aziendale e quelli che sottolineano come la corruzione e il dominio da parte delle

imprese sia dilagante a tal punto da incidere negativamente sull'economia e lo sviluppo sociale;

3. ci riporta a una nuova lettura dell'etica di Aristotele (l'etica aziendale non può prescindere da quella pubblica e civile ma neanche da quella personale).

Il rapporto tra aziende, società civile e governo è molto complesso poiché coinvolge diversi settori: il settore di mercato (imprese), quello governativo (istituzioni), il terzo settore (l'insieme delle associazioni non controllate dal mercato o dal governo), le famiglie. È impossibile separare il sistema di mercato dal contesto sociale e governativo, così come è impensabile che un'impresa possa funzionare correttamente, se non in relazione all'ambiente in cui la stessa è inserita e opera. Da qui il concetto di «interdipendenza tra aziende e comunità civile», in base al quale le aziende sono fortemente condizionate dal governo e dalle città in cui sono collocate, dal momento che vi sono delle leggi e norme che regolamentano, disciplinano e tutelano i loro mercati e i sistemi di controllo e vigilanza sulla concorrenza.

Da questo punto di vista l'integrità di un'azienda è favorita dalla cooperazione costante tra le diverse parti coinvolte:

• da un lato, infatti, «lo sviluppo aziendale dipende da condizioni che non sono sotto il controllo dell'azienda» (nonostante spesso prevalga l'idea di un'impresa privata indipendente dalle risorse pubbliche, tuttavia la moderna esistenza aziendale dipende concretamente dalle risorse pubbliche);

• dall'altro, Friedmann (17) suggerisce che «una buona città deve offrire alloggi socialmente adeguati, assistenza sanitaria a prezzi accessibili, lavoro adeguatamente remunerato e adeguate leggi sociali», per garantire il benessere della comunità intera e la tutela dell'ambiente circostante. Questi ultimi rappresentano la missione principale da perseguire, rappresentando la società civile il contesto nel quale sviluppare tali iniziative di cooperazione.

5. Ambientale/Naturale

Infine, la quinta prospettiva insiste sul fatto che l'azienda deve rispettare l'ambiente naturale in cui opera, in modo da limitare il più possibile eventuali danni all'economia, attraverso progetti di sostenibilità e di rispetto dell'ambiente medesimo. «L'integrità aziendale a questo livello richiede che sia la comunità umana che quella naturale prosperino insieme» e siano entrambe tutelate.

6.5 Integrità aziendale e responsabilità

L'analisi delle prospettive descritte chiama in causa un concetto diverso di responsabilità sociale delle aziende, slegato da obiettivi esclusivamente economici e caratterizzato dall'adozione di pratiche e comportamenti maggiormente responsabili. Esso è riconducibile a un approccio innovativo di gestione e sviluppo che si focalizza:

1. sul rapporto costante tra impresa e società, al fine di contribuire all'aumento del benessere economico e sociale;
2. sul miglioramento e valorizzazione delle persone e dell'immagine aziendale, per conseguire una competitività sostenibile, durevole e a lungo termine (18).

Gran parte delle aziende condivide una serie di valori e principi attraverso i quali ci si impegna, ad esempio, a garantire la tutela dell'ambiente, attraverso misure dirette alla prevenzione e alla riduzione dell'inquinamento. Ciononostante, come invece spesso accade, è forte il divario tra ciò che viene pronunciato pubblicamente e ciò che in concreto viene attuato nel privato. Ciò è dimostrato dai numerosi casi di aziende accusate di reati d'inquinamento ambientale, di violazione delle norme suddette e di aver provocato seri problemi di salute alla popolazione circostante, con conseguenti danni economici ed etici.

Come fa notare Brenkert (2004), sono numerose le società multinazionali americane, europee, asiatiche appartenenti a diversi settori che, nonostante abbiano adottato codici etici e sistemi di comunicazione sociale, sono state coinvolte in casi di corruzione e accusate di illeciti criminali gravi (Enron, WorldCom, Global Crossing, Tyco, Arthur Andersen, ImClone, Barings, Vivendi, Credit Lyonnais, and EM.TV & Merchandising AG) (12).

Attraverso i loro comportamenti irresponsabili e delinquenziali, hanno provocato la distruzione del futuro economico dei propri dipendenti, fornitori, investitori e di comunità intere, minando altresì la credibilità, la fiducia e l'immagine aziendale.

Emblematico a questo proposito è il caso dell'azienda Enron (citata e studiata da diversi autori) che, tra i valori fondamentali dichiarati nel report annuale, ha indicato come prioritari il rispetto, l'integrità, la comunicazione e l'eccellenza (19) (Tab. 6.1).

Tab. 6.1 – I valori fondamentali dichiarati da Enron

Rispetto	*Trattiamo gli altri come vorremmo essere trattati noi stessi.* Non tolleriamo trattamenti offensivi o irrispettosi. Spietatezza, insensibilità e arroganza non ci appartengono.
Integrità	*Lavoriamo con i clienti apertamente, onestamente e sinceramente.* Quando diciamo che faremo qualcosa, lo faremo; quando diciamo che non possiamo o non faremo qualcosa, allora non lo faremo.
Comunicazione	*Abbiamo l'obbligo di comunicare.* Qui, ci prendiamo il tempo di parlare tra di noi ... e di ascoltare. Riteniamo che le informazioni debbano muoversi e che le informazioni muovano le persone.
Eccellenza	*Non siamo soddisfatti solo facendo del nostro meglio.* Continueremo ad aumentare i nostri standard qualitativi. Il grande divertimento sarà quello di scoprire quanto possiamo davvero essere bravi.

Fonte: Weiss J. W. (2009), *op. cit.*

Con tutto ciò diversamente da quanto sostenuto, gli alti dirigenti hanno posto in essere comportamenti criminosi e meccanismi fraudolenti (a danno delle diverse categorie di stakeholder, tra cui azionisti, dipendenti, organi di controllo e risparmiatori inconsapevoli) che, in breve tempo, hanno condotto l'azienda alla totale bancarotta (20). La mancanza d'integrità etica e morale nel comportamento di singoli soggetti, accomunati dai medesimi valori distruttivi (spietatezza, insensibilità, arroganza, disonestà, cinismo e profondo disprezzo nei confronti delle altre parti) e completamente in conflitto con quelli dichiarati dalla società, ha contribuito a dissolvere la solidità, l'integrità, la reputazione e l'immagine dell'intera azienda. Questo esempio può essere esteso a tante altre realtà aziendali e in tutti i casi è stato dimostrato come i principali attori, responsabili del fallimento, si trovavano collocati al vertice della piramide organizzativa e direttiva. Com'è stato sottolineato, il fallimento di aziende come Parmalat, Cirio, Enron è prevalentemente imputabile a *fattori di managerialità* e a una elevata capacità di leadership negativa/distruttiva. È illuminante, a questo riguardo, l'analisi proposta da Riccardo e Maria Ludovica Varvelli (2014):

«Se leadership significa influenzamento del comportamento degli altri, sulla base delle proprie convinzioni e delle proprie intenzioni, bisogna riconoscere che i due ex-imprenditori (Tanzi e Cragnotti) sono riusciti nel tempo a influenzare, trascinare, motivare, entusiasmare centinaia di dirigenti, migliaia di quadri e decine di migliaia tra impiegati e operai. Della leadership fanno parte due elementi: la convinzione e il convincimento, ossia l'autostima e la fiducia in sé (convinzione) e l'autorevolezza e l'ascendente (convincimento). Data e concessa a loro una buona dose di convincimento, Tanzi e Cragnotti – visti i risultati – hanno forse esagerato in autostima e fiducia in sé. Ricordando che le capacità organizzative si realizzano sul campo, dimostrando di saper coordinare con sensibilità economica le risorse disomogenee di un'organizzazione per il raggiungimento di obiettivi dichiarati, qual è stata la sensibilità economica dei due, visto che il governo delle loro imprese è passato solo e soltanto attraverso un folle quanto dissennato indebitamento verso il sistema bancario? Forse la risposta a questi interrogativi sta nella lettura delle caratteristiche inverse dei due fattori di "managerialità". Il contrario di pensiero razionale è superficialità, imprecisione, ignoranza, stupidità, facile entusiasmo, impulso emotivo. Il contrario della capacità organizzativa è improvvisazione, discontinuità, non pianificazione, intempestività, disordine e mancanza di priorità» (p. 13), (21).

Se si concorda sul fatto che l'integrità collettiva non può prescindere da quella personale, a ciò possiamo aggiungere che il senso di grandiosità e la mancanza di empatia sono alla base di molte azioni irresponsabili compiute da tali soggetti, il cui arretramento morale ed etico ha compromesso fortemente il progresso e l'integrità morale delle aziende e dei loro processi economici, aziendali e finanziari.

Al contrario, in un contesto sano sia i singoli individui che l'organizzazione mostreranno un'elevata capacità di integrità, intesa come «l'allineamento della consapevolezza morale individuale e collettiva» (22). Essa si concretizza nel perseguimento del medesimo scopo, attraverso azioni e decisioni coerenti, anche di fronte a eventuali dilemmi etici e morali.

La condotta individuale e organizzativa è orientata non verso l'assunzione di decisioni semplicistiche e irresponsabili, quanto ad azioni dirette a garantire lo sviluppo e la sopravvivenza dell'azienda nel lungo periodo (10), a vantaggio di tutte le categorie di stakeholder, direttamente o indirettamente coinvolti. In realtà, come afferma Gotti Tedeschi (2009), è impensabile sostenere a priori l'esistenza di organizzazioni eticamente e moralmente integre, se le persone che le gestiscono non sono orientate al conseguimento di obiettivi etici. Ecco di seguito alcuni suoi pensieri:

«Io non credo che non si possa avere un'unità di vita, intendo dire avere un'etica in casa e un'etica in bottega. L'uomo che nel modo di pensare e comportarsi è diviso tra casa e bottega arriva all'isteria! Si può fare uno strumento che abbia un obiettivo etico (come un ospedale o una scuola), però se poi le persone che lo gestiscono non raggiungono l'obiettivo etico perché non ci credono, uno strumento non è più etico: chi dà il senso etico alle cose, agli strumenti sono gli uomini che li gestiscono, gli uomini che li ispirano. L'aspetto morale è fondamentale, è il senso che si dà all'economia» (p. 44), (23).

Bibliografia

1. Treviño L.K., Weaver G.R. (2003), Managing Ethics in Business Organizations: Social Scientific Perspective, Stanford University Press.

2. Daft R., Marcic D. (2006), *Understanding Management*, Thomson South Western.

3. Di Carlo E. (2017), Interesse primario dell'azienda come principio-guida e bene comune, Giappichelli Editore.

4. IlPost (2020), Due importanti studi sul COVID-19 sono stati ritirati, https://www.ilpost.it/2020/06/05/studi-ritirati-lancet-nejm-coronavirus-covid/.

5. Zimmerli W.C., Richter K., Holzinger M. (2007), *Corporate Ethics and Corporate Governance*, Springer.

6. Maxwell J. in D'Souza R. (2014), *Strategy to launch institute for values-based leadership development*.

7. Jackson R.W., Wood C.M., Zboja J.J. (2012), *The Dissolution of Ethical Decision-Making in Organizations: A Comprehensive Review and Model*, Bus Ethics, Springer.

8. Langlois L. (2011), *The Anatomy of Ethical Leadership. To Lead Our Organizations in a Conscientious and Authentic Manner*, AU Press, Athabasca University.

8a. Langlois L., Lapointe C. (2010), *Can ethics be learned? Results from a three-year action-research project*, Journal of Educational Administration, Vol. 48 No. 2, pp. 147-163, Emerald Group Publishing Limited.

9. Brown M.T. (2005), *Corporate Integrity. Rethinking Organizational Ethics and Leadership*, Cambridge University Press.

10. Petrick J.A., Quinn J.F. (2000), *The Integrity Capacity Construct and Moral Progress in Business*, Journal of Business Ethics, 23:3-18, Kluwer Academic Publishers.

11. Kennedy-Glans D., Schulz B. (2005), *Corporate Integrity. A toolkit for managing beyond compliance*, John Wiley & Sons, Canada Ltd.

12. Brenkert G.G. (2004), *The need for Corporate Integrity in Corporate Integrity & Accountability*, SagePub.

13. Amann W., Stachowicz-Stanusch A. (2012), *Integrity in organization*, Palgrave Macmillan UK.

14. Carli A. (2003), I cinque principi del successo aziendale. Guida alla scoperta dell'anima della tua azienda, come nutrirla, come renderla vincente nel mercato di oggi, Franco Angeli Ed.

15. Ferrell O.C., Fraedrich J., Ferrell L. (2009), *Business Ethics 2009 Update: Ethical Decision Making and Cases*, South-Western Cengage Learning.

16. Coppola G. (2007), I controlli interni nelle organizzazioni sanitarie. Guida alla realizzazione del sistema integrato dei controlli per una corretta gestione dei processi decisionali, Giuffrè Ed.

17. Friedmann J. (2000), *The Good City: In Defense of Utopian Thinking*, International Journal of Urban and Regional Research 24(2):460-472, (February).

18. AA.VV. (2011), Strategie e strumenti per la valorizzazione sostenibile delle produzioni agroalimentari di qualità, F. Angeli Ed.

19. Weiss J.W. (2009), *Business Ethics: A Stakeholder and Issues Management Approach*, Cengage Learning Inc.

20. Cardoni A. (2016), Strategia e performance nel sistema d'impresa. Logiche e strumenti per l'analisi del successo aziendale, Giappichelli Ed.

21. Riccardo e Maria Ludovica Varvelli (2014), Managerialità e Imprenditorialità possono convivere, Il Giornale del Dirigente, Manageritalia.

22. Petrick J., Quinn J. (1997), *Management Ethics: Integrity at Work,* Sage Publications, Thousand Oaks, CA.

23. Gotti Tedeschi E. (2009), L'opinione in "L'etica non è un optional", Dirigente (dicembre).

www.ingramcontent.com/pod-product-compliance
Lightning Source LLC
Chambersburg PA
CBHW070341220526
45467CB00001B/202